阳光姐姐 校园小密探

雪山上的宝物

伍美珍 ◎ 主编

中国出版集团　现代出版社

图书在版编目（CIP）数据

雪山上的宝物 / 伍美珍主编.—北京：现代出版社，2019.7
（阳光姐姐小密探）
ISBN 978-7-5143-7993-8

Ⅰ.①雪… Ⅱ.①伍… Ⅲ.①作文—小学—选集 Ⅳ.①H194.4

中国版本图书馆CIP数据核字(2019)第142452号

雪山上的宝物

主　　编	伍美珍
绘　　者	马　蕙
责任编辑	罗　爽　王志标
出版发行	现代出版社
地　　址	北京市安定门外安华里504号
邮政编码	100011
电　　话	010-64267325　64245264（传真）
网　　址	www.1980xd.com
电子邮箱	xiandai@vip.sina.com
印　　刷	北京瑞禾彩色印刷有限公司
开　　本	880mm×1230mm　1/32
印　　张	5.5
字　　数	109千字
版　　次	2019年8月第1版　2019年8月第1次印刷
书　　号	ISBN 978-7-5143-7993-8
定　　价	36.00元

版权所有，翻印必究；未经许可，不得转载

代序

做校园小密探,发现身边的写作素材

阳光姐姐　伍美珍

当初写作时,相当敬业,每星期都要去学校一次,请学生吃盒饭,开座谈会,了解孩子们的所思所想,天长日久,就积累了不少素材,不少孩子还成了我的校园小密探,校园里发生新鲜事都会跟阳光姐姐说。每天我的邮箱里都会有五六十封邮件。孩子们来信所谈到的事情为我提供了写作素材,激发了我的创作灵感。我的小书房系列图书的每一本都是源于读者来信。

也有很多孩子给我写邮件,说自己很害怕写作,不知道自己该写什么,询问我的写作素材从哪儿来?现在我就把这个问题的答案告诉你们——写作的素材,就在你们的身边呀!

写作是孩子与生俱来的天赋,只要写自己想写的文字,找到写作的快乐和自信,就会激发出你的写作天赋

来。在"阳光姐姐校园小密探"系列书籍里,我请孩子们一起选取了 16 个校园热点话题来讨论和写作,当孩子们自由地写作时,我发现,他们的语言单纯而可爱,带有孩子独特的灵气与气质,这些自由纯真的文字是多么珍贵。

希望这本书也能触发你的写作灵感,让你找到写作的快乐!

目录

话题 NO.13—— 神秘

老班的神秘婚事　高域溪　003

神秘的手印　曹　媛　008

午夜"凶铃"　傅伊旸　012

纸飞机里的"藏宝图"　吴月盈　015

天上掉下个神秘蛋　于婉晴　019

神　秘　薄睿宁　022

"鬼屋"探险　吴瑞林　027

林六柳的神秘事件　吴涵彧　029

神秘的恐龙复活事件　孙　遥　034

神秘的树洞　杨千寻　038

照影巷的秘密　杨一凡　042

神秘邮箱　邱慧伶　049

话题 NO.14—— 宝 物

宝物拍卖会　刘宇琦⟩　056

心中的宝物　何万涓⟩　059

鲛人的珍珠　杨一凡⟩　062

神马不是浮云　陈晓茵⟩　068

雪山上的宝物　朱佳文⟩　072

军棋之乐乐无穷　薄睿宁⟩　075

石头记　宋昊橦⟩　080

话题 NO.15—— 节 日

眼泪节　杨千寻⟩　088

超能力节　刘宇琦⟩　091

零食节　张杰宁⟩　094

懒觉节　李　楠⟩　098

编辑部的美食节　邱慧伶⟩　101

嘚瑟节快乐　商静怡 106

"嘎嘎节"的传说　商静怡 109

4班的化妆节　宋昊樟 113

主题NO.16——穿越

大唐增肥记　刘雨珊 122

穿越时空　林希颖 125

师兄师弟看比赛　郭悦琨 129

一不小心，我成了爷爷的学生　张陈实 132

穿越童话王国　潘雨彤 136

穿越阳光姐姐编辑部　宋昊樟 141

穿越想象A空间　欧阳思哲 145

大脑穿越术　戴雨秋 149

邂逅孔明先生　袁义翔 154

放鹤亭记　任蔷羽 159

话题 NO.13

神秘

雪山上的宝物

【七嘴八舌小密探】

阳光姐姐：说一说发生在你身边的神秘事件吧！

欢乐逗：我有次去河边玩耍，看到一个衣衫褴褛的流浪汉，可是等过了一分钟再看，一个人的影子都没有，我吓得不行。这事过去好几年了，我依然不确定那个人到底是怎么消失的……

呱呱呱：神秘事件？想当初还在上五年级的时候，我收到了好几封情书，同样的字迹然而都没有署名，我一直好想知道是谁哦……

东方不白：大概是我老爸斥巨资奖励我的一双限量版运动鞋，在我去参加夏令营的时候弄丢了，我敬爱的班主任挨个宿舍排查却没有发现一点线索，真不知道拿我鞋的人是不是苍蝇变的。

阿呆不呆：还记得，一个雷雨天，我被一个炸雷惊醒了，我眯着眼睛，却看见屋子里有一个发亮的人形轮廓，第二天我问妈妈昨晚上是不是起来过，妈妈说没有……

Romeo：每当我想学习的时候，就有一股神秘的力量进入我的身体，让我全身瘫软，没有力气握笔，唯有干点什么别的事情才能让自己恢复正常。

桃子妹：有次在姥姥家玩，一条小蛇爬进了屋，它看着我好像认识我的样子，不知道为什么我一点儿也不害怕它，好像我们本来就是好朋友。

话题NO.13 神秘

【话题作文大PK】

老班的神秘婚事

高域溪

近来,我们老班郑老师忽然变得……怎么说呢?跟以往大不相同。比方说吧,每到周五下午的班会,老班一贯的作风就是:一脸严肃地走上讲台,先通报批评违纪的同学:谁谁谁迟到了几次;谁谁谁在课下与同学打闹,被学校的稽查队逮着,扣了班级的分……每到这个时候,我们一个个低着头,大气都不敢出。到了班会快结束时,老班才轻描淡写地对几位同学提出表扬。

可是近来老班忽然变得和气了许多,班会上,她颠倒了批评与表扬的顺序与分量:先是热情洋溢地对一些同学的良好表现给予大力表扬,然后再非常婉转地对违纪的同学提出批评。有一次,她竟然亲切地摸着我们班"迟到大王"周长林的脑袋,用信任的语气说:"老师相信你下周不再迟到。"周长林

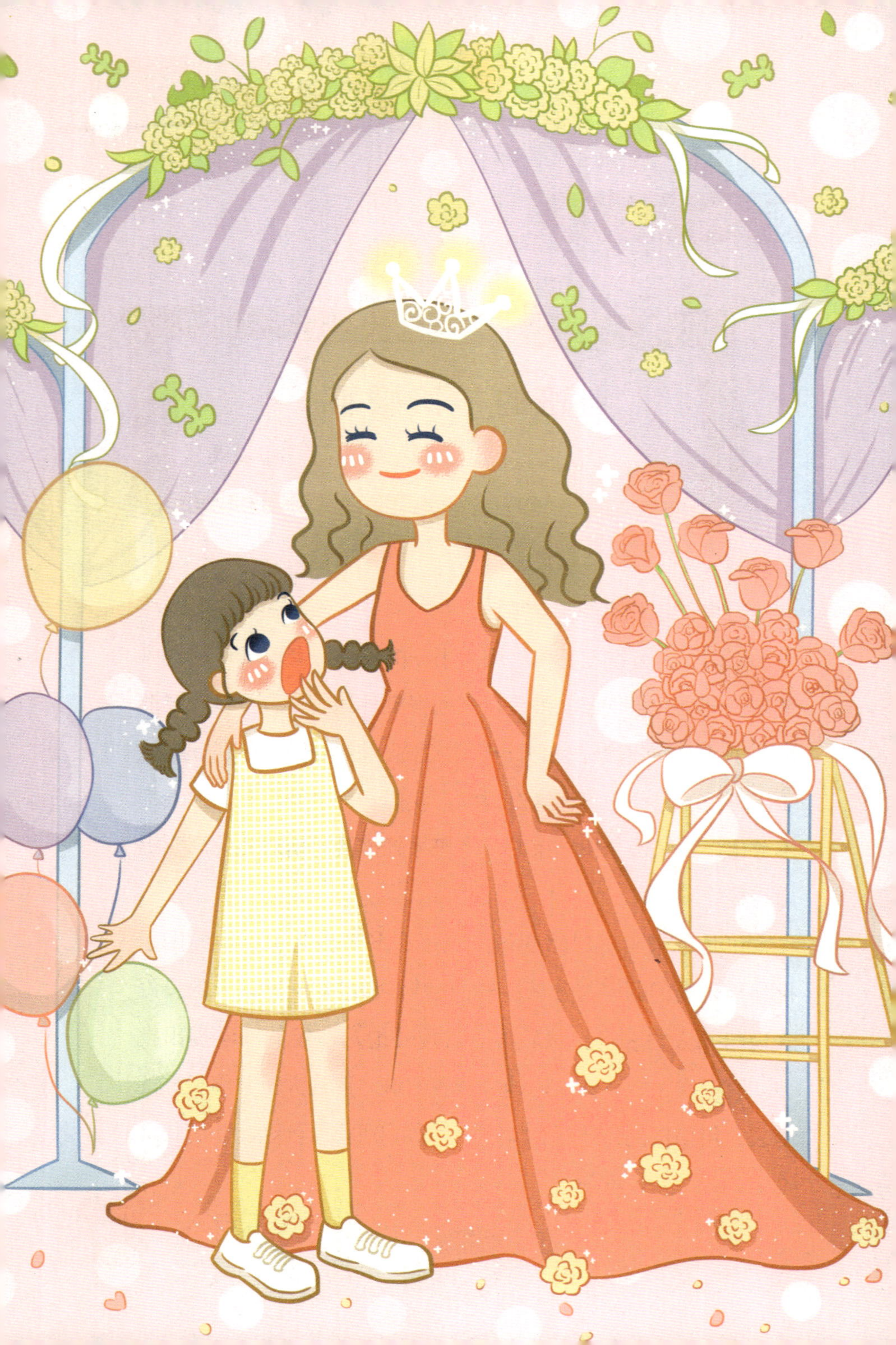

当时激动得差点就哭了，说来也真神奇，随后的几周，这位"迟到大王"竟然一次也没有迟到。

更奇怪的是，老班的穿戴突然变得时髦起来。有一次我竟然发现她在放学后，躲在办公室里涂眉毛、抹口红。这还是我们那位不苟言笑的老班吗？真是让人不敢相信！甚至，她的课堂气氛也开始变得不那么"正正经经"的了，有时她还会在讲课中间插播个笑话给我们听。一开始我们还不敢笑，看到她自己先笑了，我们才敢放肆地哄堂大笑。后来，班里有几位大胆的男生竟然也敢跟她开开玩笑，这在以前可是大逆不道的行为，没人敢做的。

我总感觉老班一定有什么秘密瞒着我们，有一次我去她办公室交作业，她正和其他老师聊得热火朝天，一见我进屋，就赶紧住了嘴，还向其他老师打了个暂停的手势。真是让人百思不得其解。

与此同时，老爸也忽然变得神神秘秘的。老爸是我们老班任命的家委会主任，经常三天两头地跟郑老师打电话商量我们的班务，平时从不回避我。可近来，老爸跟老班通电话，却总是有意识地躲开我。

仿佛受我爸的影响，连老妈也变得让人捉摸不定。近来她常常在餐桌上问我："溪溪，你们郑老师最近是不是变得越来越漂亮了？"

雪山上的宝物

我嘴里含着饭，说不出话来，只是不住地点头。

"幸福的小女人！我们真为她高兴。"妈妈脸上带着诡异的笑，感慨道。

这些大人，简直莫名其妙。

周五放学一到家，爸爸就一脸喜气地迎上来，他神秘兮兮地说："快换身漂亮的衣服，爸爸带你去喝喜酒。"

"哇，太棒啦！您又有同事结婚了？"

老爸不置可否地笑了笑。一进酒店，我便看到新郎和新娘并肩站在大厅里迎接宾客。爸爸拉我过去，拍了我一下，笑着说："还不快给郑老师贺喜！"

我吃惊地抬头看去——天哪，这个化着浓妆、穿着红色婚纱的新娘子不正是我的老班吗！我顿时惊呆了，半天说不出一句话。老班笑嘻嘻地走过来，搂住我的肩膀，让摄影师给我们照了几张合照。

到这时我才明白：原来老班怕自己的婚事被我们知道，报告给父母，扰乱了家长们正常的工作与生活，所以她一直把自己结婚的消息封锁着。老爸和老妈是少数几个知道喜讯的家长，但他们遵照郑老师的意见，对我们和其他家长保密。只有在参加婚宴的时刻，老爸才向我揭开了谜底。

老班、老爸和老妈，你们可真沉得住气呀！

话题NO.13　神秘

阳光姐姐点评

本轮PK赛比的是什么呀？哈哈，比的就是谁是"吊胃口"大王！神秘的"案情"一个接着一个抛出来，老班不仅性情大变，样貌大变，就连老爸老妈也变得奇奇怪怪、神神秘秘的！越是往下读，越是迫不及待想知道答案，这篇作文，可真是实实在在地吊足了大家的胃口！

雪山上的宝物

神秘的手印

曹 媛

"表姐，我想死你了！"一大早，来我家做客的表妹袁晨刚见到我便给了我一个大大的拥抱。

"小晨子，你来得正好！我最近有一个发现哦。"我叫着表妹的昵称，拉起她的手快速地走进了卫生间，随后把门关得紧紧的。

"表姐，什么发现啊？搞得神神秘秘的。"表妹疑惑地问我。

我蹲下来，指着黑色大理石洗面台的最里面说："你看，这儿有一个人留下的神秘手印，这是我在昨天晚上捡掉在地上的发夹时无意中发现的。"

"哦，还真是耶！可这是谁的手印呢？"一向对神秘事物有着浓厚兴趣的表妹兴奋地跳了起来。

"我怎么知道呢？"我双手一摊，学着外国人一样耸了耸肩。

"噢，表姐我知道了！"忽然，表妹叫了起来。

"知道什么？快说！"我迫不及待地问。

"这个手印肯定是一扇时空大门的开关。只有手与开关完全重合的人才能打开它，穿越时空，去尽情地享受和探索未来的世界……""停！"我打断了表妹那天马行空、无边无际的幻想，要知道，她可是玄幻小说的忠实粉丝，让她说上三天三夜的无厘头幻想也不会完的。

"好吧，那表姐你是怎么想的呢？"表妹被我从白日梦中拉回了现实，不服气地问我。

于是，我拿出了随身携带的"宝物"——放大镜，钻到洗面台的下面，用放大镜把大理石上的手印放大了10倍后，装模作样地推理了起来："首先，这手印若隐若现的，明显'年代久远'了；其次，手印主人的手当时一定弄湿过，否则不会印在大理石上；最后，也是手印的最大谜团。那个人为什么会把手印留在大理石上呢？一般情况下，没人会无故钻到洗面台下面的。而老爸老妈都有洁癖，看不得一丁点儿的脏物，所以，家人首先得排除。"

我说了一大串话，口水用了许多，便从洗面台下面钻出来，喝了一大杯饮料，补充下口水。

"表姐，我真是太崇拜你了。我要给你一万个赞！"表妹的话真是让我得意。于是，我清了清嗓子，开始根据自己的推理展开了想象。"那是一个月黑风高的夜晚，人们已经进入了梦乡，

> 雪山上的宝物

这时一个鬼鬼祟祟的黑衣人试探性地敲了敲我家的大门……"

"咚咚咚。"

"啊！妈呀！"我和表妹吓得抱作了一团，我的小心脏都吓坏了。这也太巧了吧，刚说到敲门就来了一阵敲门声。

"喂，你们两个丫头躲在卫生间里搞什么名堂啊！快点给我出来。"敲门人厉声说道。咦？慢着，这好像是老爸的声音耶！

我小心翼翼地打开门，果然是老爸。"我就说你俩到哪儿去了，怎么找也找不着。敢情你们躲在这儿啊！卫生间好玩吗？"我看着怒火中烧的老爸赶紧解释道："老爸，我们在'研究'这个手印是谁留下的呢。"

"嗯？那你们'研究'的结果是什么呢？"老爸挑着眉毛，一副很感兴趣的样子。于是，我不惜口水，把刚刚的推理和被老爸打断的想象又说了一遍。

"嗯，不错嘛。曹小姐，我不得不说你的想象力很丰富。看来，看《名侦探柯南》还是有些用处的。"老爸的表扬使我的心情像浪花一样欢腾。

"那姨夫您知道手印到底是谁留的吗？"表妹满怀期待地问老爸。

"我当然知道啊！"

"是什么？"我和表妹异口同声地问。

话题 NO.13　神秘

"才怪。两个小侦探慢慢破解吧。"老爸轻轻拍了拍我俩的脑袋，随后笑嘻嘻地扬长而去。

"搞什么嘛！白欢喜一场。"我和表妹发现被耍后一阵失望。这个手印到底是谁留下的？在什么时候，为什么会留下呢？我脑袋里的问号在互相碰撞着。不过，总有一天，我定会把这神秘手印的谜团给破解的！我在心里坚定地发誓。

阳光姐姐点评

我猜这神秘的手印一定是洗面台被堵时，工人疏通管道时留下的，小读者们，你们怎么想？哈哈，其实神秘的手印到底是怎么留下的并不重要，重要的是，在"破案"过程中，各种奇思妙想的大爆发，让我们觉得生活一下子变得好玩许多！结尾处小作者并没有给出明确答案，神秘案件，仍在惊悚进行中……

雪山上的宝物

午夜"凶铃"

傅伊旸

　　寂静的夜，透着一丝淡淡的神秘气息。浓浓的夜色，让人一不小心就会被深不见底的黑色吞噬，出也出不来。

　　家里静悄悄的，外公外婆都睡了，妈妈在加班，而我，却还迟迟未能进入梦乡。我在被窝里翻来覆去，看着一望无际的黑暗无奈至极。不知怎的，什么恐怖故事啦，神秘传说啦，午夜凶铃啦，一个劲儿地往我脑子里塞。我有些害怕了，钻进被窝里不敢出声，越是不愿想那些可怕的东西，它越是钻进你的脑海。

　　好不容易有点睡意，迷迷糊糊地快进入梦境。"丁零零——"一声急促而神秘的电话声骤然响起，在寂静的房间里显得特别突兀。我一下子惊醒，困意全无，哆嗦了一下。"丁零零——"电话铃第二次响起。外公外婆房里没有任何响动，看来，这电话得我去接了。

话题NO.13　神秘

我匆匆忙忙地披了件棉衣，趿拉着拖鞋向着客厅电话桌跑去。"丁零零——"又一次，电话好像不耐烦了。不知道为什么，我的脑海里瞬间冒出一个词语——午夜凶铃！这么一想，我的心里仿佛放了一个叫作"害怕"的炸弹，随时都会爆炸。打了一个寒战，我还是决定先和外公外婆说一下。

我又返回，跑进外公的房间，说："外公，那个，电话响了……"我以为外公一定会爬起身来接电话。没想到，外公却说："哦，那你去接吧。"这句话如同当头一棒，我不禁冒出了冷汗。这么晚了，谁还会往我家打电话呢？不可能的事啊！难不成，真的是所谓的"鬼魂""神秘""妖魔"，这些词语在我脑海中反复打转，搞得我心神不定。我踌躇了，呆呆地站着，不知到底该不该接。

"丁零零——"电话声像尖叫声般，不服气地再次响起。我使劲地摇了摇脑袋，希望把可怕的想法都甩出去。深吸一口气，我走向电话机。当我拿起电话的那一瞬间，一大堆乱七八糟的念头又出现了：到底是谁啊？感觉好怪异！如果是午夜凶铃的话，我可不能提到有关时间的词，不能说自己是谁……平时相信科学的我，此时也迷信起来。

终于，我轻轻地说了一声："喂……"我很可笑地做好了心理准备，等待着那头响起奇怪的声音。

"喂，傅伊旸。"一声男低音响起。我一下子没听出是谁，

雪山上的宝物

反而恐惧地想：不会吧，居然还知道我的名字！真的是午夜凶铃？……

"嗯……"我含含糊糊地答应着。

电话那头说："老妈回家没？"好熟悉的语调，好熟悉的声音，这是——老爸！

我大大地松了一口气，说："哦，老爸，妈妈还没回来，我睡觉呢。"

"哦，好，那你睡吧，再见。"

"嘟、嘟、嘟……"电话挂了，我长长地舒了一口气，心里的那个"害怕炸弹"已荡然无存。

什么神秘的鬼魂，什么"午夜凶铃"啊！只不过是我的一个空念头罢了。我在心里苦笑了一下，返回房间。这次神秘的"午夜凶铃"，竟然是老爸的一个电话！我想着，进入了梦乡……

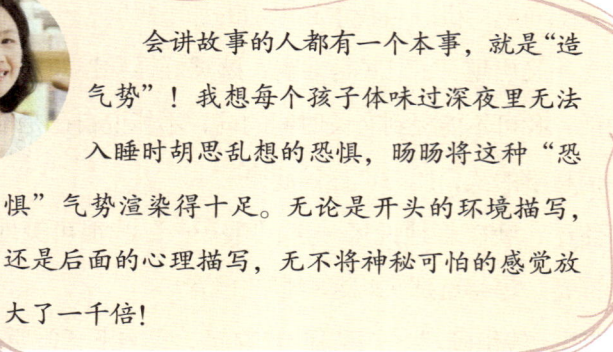

阳光姐姐点评

会讲故事的人都有一个本事，就是"造气势"！我想每个孩子体味过深夜里无法入睡时胡思乱想的恐惧，旸旸将这种"恐惧"气势渲染得十足。无论是开头的环境描写，还是后面的心理描写，无不将神秘可怕的感觉放大了一千倍！

话题 NO.13　神秘

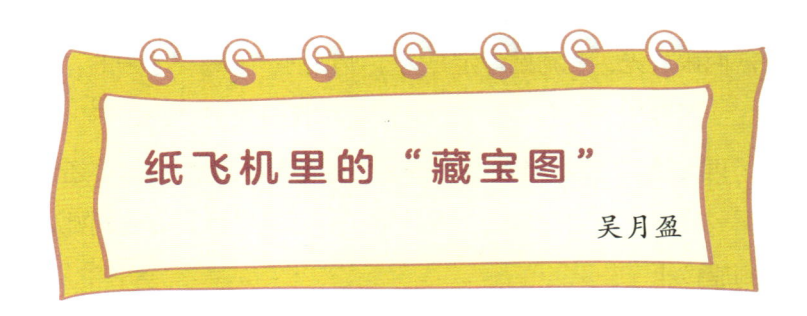

纸飞机里的"藏宝图"

吴月盈

一天下课,我和死党林莎正玩得开心呢,可不知怎的,一个纸飞机突然飞到了我俩的中间,打断了我们的乐趣。

"谁啊?"林莎边说边睁大眼睛环顾着四周,想看看是谁。但班上的同学没人应她,他们个个都很精,都在低头忙自己的,怎么知道是谁干的呢?

"算了,我们先看看这个纸飞机里写了什么吧。"我安慰林莎,顺便打开了纸飞机。只见纸飞机上写着:43C田。"这……什么意思嘛!我看也没什么用,不如扔了吧。"林莎建议。

"不,先等一等,你看——"我指了指纸的背面,上面还写着:这可不是一般的藏宝图,只有聪明的人才能看到上面的字,当你们看到以上的神秘文字时,恭喜你们!因为你们已经具备了寻宝的能力,所以,去寻宝吧!加油,我在终点等你们。

> 雪山上的宝物

看完之后，我问林莎："你觉得我们有必要去'寻宝'吗？"

"那是一定的，我，热爱神秘的事物，更热爱冒险！"林莎两眼放光，我猜她肯定是为了所谓的"宝藏"才去的。

"好吧，不过，这位小姐，现在我们先把'43C 田'搞定了再说吧。"我故意泼她的冷水。殊不知，可怜的林莎还没有反驳我时，令人讨厌的上课铃响了，于是，我只好告别她，回到座位上了。

这节课是英语。

我就知道，英语老师每次来到教室时都不忘与我们互动，所谓的"互动"，就是她给我们一个英文字母的开头，我们就要以她给的字母开头来组成一个单词。这种"游戏"她几乎每节课都要玩，真是童心未泯。

"同学们，今天的字母是 B，请同学们对'暗号'。"英语老师笑眯眯地说。

"Boy、Brother、Box……"

"好，今天就到此为止，现在我们上课，翻开书……"英语老师已经进入课堂中了，而我，心思却停留在刚才的游戏里。老师讲的什么，我自然是左耳进右耳出。"字母的开头"？难不成……如果说用字母开头的话，那么"43C 田"中的"C"不就可以转化为英语单词中的 Car、Cat……可要是那样的话，"43C 田"不就变成了 43 只猫、43 辆车了吗？对了，"C"

话题NO.13　神秘

还可以转化为Class……那么"43C田"连起来的话就是"四三班"，嗯，一定是这样的！

天啊，我也太聪明了吧。我不禁自恋起来，想着想着，我居然还笑出了声。幸好我笑的声音很小，不然的话我又倒霉了。对了，"田"又是什么意思？

直到放学，我还是没能想出"田"是什么意思。这时的林莎已经收拾好东西了，她走过来，说告诉我一个好消息。"什么好消息？"我问她。

"我知道那个'田'的意思啦。我们小时候画画时不是经常用'田'来代表窗户吗？我想就是窗户的意思！"林莎大声说。

"明白了！"没等林莎反应过来，我迅速地拉着她奔向四三班。

果真，在四三班的第三扇窗户与墙的夹角处，我们发现了一封信。林莎飞快地打开了信，只见纸上纵横交错地画了一些大楼，还有一些坐标。不用看就知道，这是学校的大楼。纸的背面仍然写了一句话：你们很聪明。沿着这张地图走，宝藏已离你们不远。

"好哇，我很快就会得到这'神秘的宝藏'了。"林莎高兴地跳了起来。

"呃，我说你也太天真了吧，怎么可能有真正的'宝藏'呢？"我无奈地说。

雪山上的宝物

"就算没有宝藏,但是我们可以当这是一次神秘的考验,不是吗?现在,我们出发吧。"林莎拿着地图,跟我一起走到了操场。

"根据地图显示,我们应该直走200米,然后转左。"我点点头,和林莎走到了教师办公室楼下。

"嗯,到了这里,我们还要向前走50米再转右,再绕过一棵小树,就到了。"林莎不紧不慢地说。

"你确定你没有看错吗?那个地方是二栋教学楼下面的——WC。"

"我确定……什么?WC!"林莎欲哭无泪。

"好吧,我宣布,神秘考验圆满结束,'宝藏'就是免费使用厕所一次!"我拍了拍林莎的肩膀安慰道。

阳光姐姐点评

盈盈同学一定是个"侦探迷"吧,在这篇故事里,充分发挥了自己小侦探般的聪明大脑,为读者设了一个又一个"谜",又带领读者一层一层地"解谜",真是过瘾极了!最有趣的是故事的结尾,这么艰辛的"寻宝"过程,却得到这样一份"神秘宝藏",让人哑然失笑!

话题NO.13 神秘

天上掉下个神秘蛋

于婉晴

一天晚上,繁星闪烁,月亮发出淡淡的微光。突然,一颗"流星"划过天际,把黑夜照得如同白昼。"咚",王强家后院被"流星"砸出了一个深不见底的大洞。

接着,人们一个个都拿出手电筒跑到王强家后院,看见这个大洞,便七嘴八舌地议论了起来。这时,市科协的人来了,他们派了两名队员下去,直到早上6点35分才上来。一位队员把手中的蛋交给市科协会长,会长拍了拍上面的灰尘,一个金光闪闪的蛋就呈现在人们面前。太空蛋上面还有一张字条,会长一边把字条递给身旁戴着大眼镜的人,一边说:"这是什么鬼画符,搞得本会长头都晕了。李翻译,你帮我翻译一下吧。"

李翻译接过字条,目不转睛地看着,又推了推大眼镜,一本正经地说:"会长,这字看上去应该是火星文。不过,具

> 雪山上的宝物

体内容要明天才能翻译出来。"

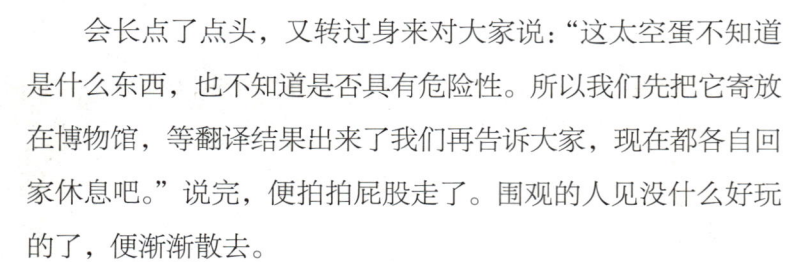

会长点了点头,又转过身来对大家说:"这太空蛋不知道是什么东西,也不知道是否具有危险性。所以我们先把它寄放在博物馆,等翻译结果出来了我们再告诉大家,现在都各自回家休息吧。"说完,便拍拍屁股走了。围观的人见没什么好玩的了,便渐渐散去。

第二天,会长来到博物馆看这只"金蛋"。可他来到寄放太空蛋的地方,顿时目瞪口呆,太空蛋不见了!会长跑上跑下,到处询问太空蛋的下落,可没人知道。

这时,李翻译冒冒失失地跑进来,一边喘着粗气,一边说:"不好了!不好了!字条上说那蛋是恶魔星上最厉害的闯祸蛋,别看它只有碗口那么大,可里面的闯祸精比一座山还大。它可以变成看到的人,声音也会跟着变,遇到危险时还会隐形,没人能找到它。骗到的人越多,能量也会越多。能量最大的时候,只要它身上发射出一个激光炮,就足以毁掉整个地球。"

"什么?完了,完了,这下完蛋了,怎么办呢?"会长边说边跺着脚。

这时,一艘太空飞船穿过房子,从上面下来两个红皮肤的外星人。其中一个给会长戴上高级翻译机,这样他们就可以顺利交流了。"对不起,给你们添麻烦了,那蛋是我们捕获

话题NO.13 神秘

的太空蛋,在运输的途中不小心掉了下来,现在我们已经找到了它。"

"找到了就好,找到了就好。"会长忙不迭地点头。

说完,外星人便登上飞船离开了,地球也躲过了一劫。

阳光姐姐点评

哇,好险!要是恶魔星上的闯祸蛋没有被找到那可怎么好?或者,一开始就知道它是一个闯祸蛋,又该怎么消灭它呢?一篇好的想象故事总是这样,在故事之外,还会引起读者的无限联想,觉得神秘的故事外,还有许多神秘的故事……

雪山上的宝物

神　秘

薄睿宁

"它叫神秘？真逗！"林娇一边抚摸着一只灰不溜丢、其貌不扬的狗，一边咯咯娇笑起来。

"嗯。"林娇身旁一个灰头土脸的男孩子点点头，"它是我三年前从废砖窑那里捡到的。"林娇立刻皱起眉头说："憨娃，打狂犬疫苗了吗？别是野狗！"

"没……不过神秘不咬人。"那个叫憨娃的男孩儿怯怯地说道。林娇立刻像躲避瘟神一般闪开："那怎么行！"说着扭头就走。

"哎……唉！"憨娃长长地叹了口气，有些怜爱地看着正半躺着的神秘："神秘，咱们走。"神秘仿佛听懂一般，高兴地叫一声，紧紧地跟在憨娃后面，夕阳把他俩的影子拖得老长。

憨娃穿梭在一条坑坑洼洼的小路上，后面的神秘紧紧地

跟着他，时不时发出几声响亮的吼叫。

"站住！"突然一阵响动传来，一个虎背熊腰、身强力壮的人从旁边的石头后蹿出来，双手抖腰，冲着憨娃一笑，"借大哥点钱去买好东西吃！"

"我没钱！宝林哥。"憨娃垂下头去。宝林是学校——不——是整个村子的小霸王，谁见了他都得躲着走。

"没钱？"宝林摸摸下巴，"你小子能没钱？"说着就突然一拳朝着憨娃打去。憨娃一时躲闪不及，被宝林打中鼻梁，鲜血直流。

"没钱，我就是没钱！"憨娃气急败坏，伸出瘦弱的胳膊朝着宝林打去。宝林呵呵一笑，飞起一脚就把憨娃踢出老远，憨娃趴在地上，硬撑着站起来。

"没钱，那我就网开一面，拿走这只狗，也能换几个钱！"宝林说着就抱起神秘。"别动我的神秘！"憨娃突然冲过来，眼睛里仿佛要蹿出火来，拳头握得嘎嘣响："把它放下！"

"你敢要挟我……"话音未落，宝林就像杀猪般地叫喊了起来，原来是神秘死死地咬住了宝林的手指。"你这疯狗，快放开！"宝林一边痛得大喊，汗水从额头上涔涔而下，一边像挨了电击一般疯狂地蹦跳，想把神秘给甩下来，可是神秘就仿佛紧紧地黏住宝林一般，死活不动。

雪山上的宝物

"呀!"憨娃也大喊着,拳头雨点般地落在宝林身上。宝林刚开始还硬挺着,后来就开始求饶了。

"算了,神秘,放了他吧!"憨娃轻描淡写地说一句,神秘就知趣地松开嘴,宝林恶狠狠地瞪了神秘一眼,朝着远方头也不回地走去。

"神秘!你真是太厉害了!"憨娃兴奋得手舞足蹈,把神秘举到头顶上,十分高兴地喊道。

"汪汪!"神秘摇着脑袋,欢快地叫了起来。

深夜。宝林家。

"二本,咱大哥挨打了!被一只狗咬了!"一个满身都是赘肉的人大喊道,生怕别人听不见似的。宝林此时正躺在床上,听到这句话,呻吟得仿佛更厉害了。

"大码,这口气必须咽下去!不对,咱们必须出!不蒸馒头,咱得争口气!"那个叫二本的骨瘦如柴的人说道。

"行了,省省吧!"宝林从床上坐起来,"你们要是真心想替我出力,就现在去,把那只瘟狗给我抓回来!我要亲手扒了它的皮!"宝林恨得牙根痒痒。

"大哥!让他去!"大码和二本同时指着对方说道。

"行了,你俩都去!快点!"宝林一挥手,就掷过来一个肉包子,"这个包子里下了老鼠药,一吃就死!快给那狗喂上,毒死它!"宝林恨恨地说道。

"是!"二本学着电视里的日本兵,立正,敬了个礼。

"快去!"宝林狂吼起来。

"咕咕呱!咕咕呱!"夜里青蛙在水塘里叫了起来。大码和二本像做贼一样溜到了憨娃家的后墙边。

"嘿!喂,狗,接好了!"大码猛地把肉包子给扔进了院里。"汪汪!"神秘眼睛亮了,它一下子兴奋起来,但是神秘嗅了几下,觉得气味不对,就不吃了。

"嘿嘿,任务完成!"大码和二本有说有笑地往宝林家走去。"汪!"突然,一只狗迎面拦住了他俩的去路。

"好狗不挡道!"二本伸出脚想踢飞这只"不识时务"的狗,结果那狗却突然蹿起来,咬住了大码的大腿。大码痛得在地上翻滚起来。"看我的!"二本抄起旁边的一个扫帚,朝着大码身上猛打起来。

"啊啊啊!疼死我了!"大码抽搐着嘴角,二本更卖力了,但是打不到那只狗一点,反而全打在大码身上。那只狗又去咬二本,二本也被咬得皮开肉绽,好不狼狈。

大码和二本落荒而逃,把情况通知了宝林。

"嗯,就是你们描述的那只狗!就是它!"宝林恨恨地说道。

"不过,它是怎么从院墙里出来的呢?难不成是飞出来的?还那么快啊?"大码冥思苦想。

雪山上的宝物

"行了，这件事就这么算了吧！"宝林悻悻地说道。

憨娃翻了个身，醒了。他闻到一股肉香味，急忙循着香味过去，嘿，院子里有个肉包子。憨娃想也没想就一口吞下，真香啊！可是，没过一会儿，憨娃就倒在了地上："哎呀，肚子好痛啊！神秘，神秘呢？"憨娃的喊声越来越微弱。

神秘兴奋地叫着回来了。它发现憨娃卧在地上，一动不动。它一看那个包子没了，猛然惊醒。神秘的身体里发出一条蓝色的光线，直射入憨娃的身体里……

半晌，憨娃醒了。他又爬起来咂咂嘴："神秘，这包子真香啊！"他还全然不知道这包子差点要了他的命。

可是神秘到哪儿去了呢？从此，神秘神秘地消失了。

阳光姐姐点评

神秘不知从哪儿来，也不知到哪儿去了，这本身就挺神秘的。像是一个故事的引言，睿宁虽然给小狗起名为"神秘"，但是却一直并未透露太多，只是在结尾处才抛出了一丝关于神秘的线索。虽然故事结束了，好像神秘的故事才刚刚开始……

话题NO.13 神秘

"鬼屋"探险

吴瑞林

"鬼屋"在我们班已经被传得尽人皆知了,个个谈"鬼屋"则色变。所以昨天我和两个好朋友决定趁班主任张老师出去听课不在学校的时候亲自大驾光临"鬼屋"去探个究竟——看看"鬼屋"到底有多可怕。

一下课,我和李鼎、刁茂恒急忙来到后操场的西北角,这里便是"鬼屋"的所在。首先看到的是操场边的围网,但是通向"鬼屋"的方向破了一个大洞,大到足够我们钻进去。由于时间紧,要赶得上下一节课上课,因为我们担心被上课的老师发现,所以在我的催促下,我们忐一一钻了过去。

"鬼屋"清清楚楚地出现在眼前。原来是三四间小房子,已经很旧了,所有的窗户只有木头框没有玻璃。冲在最前面的我看到如此情景顿时从脚底下升起了一股寒气,再回头看他俩,李鼎已经退到了围网洞口,刁茂恒脸上也露出了害怕的样

> 雪山上的宝物

子，要不是我紧拉着，我想他肯定也退回去了。我俩小心翼翼地来到窗口朝里看，屋子里堆满了旧桌椅，突然刁茂恒大喊一声："死老鼠！"我的腿不由得抖了起来，我循声一看在屋子的墙角躺着几只死老鼠，角落里布满了蜘蛛网，我心里又怕了几分，说："我们快回去吧，吓死人了！"还没等我们往回跑，远处的李鼎大喊："听说里面有蛇，看到没？"我和刁茂恒看也没看，拔腿就跑……

这件事还是被在放学之前赶回来的张老师知道了，张老师告诉我们那是以前学校的杂物间，学校准备重建就没有再用，没有什么可怕的。但是最后张老师还是狠狠地批评了我们，说我们这种行为很危险……今天有同学告诉我，以后"鬼屋"去不成了，因为围网已经修好了。我有点遗憾，尽管老师不让，但是我原本还想再去瞧瞧的，看来我的再探"鬼屋"计划无法实施了！

阳光姐姐点评

好像每个学校都有一个神秘的"鬼屋"，其实，那是因为每个学校里，都有许多热爱幻想与冒险的大胆小孩子。世上本没有鬼屋，你胡思乱想得多了，也就有了；鬼屋里本没有什么鬼怪，但是文中小伙伴们心中那些不存在的"鬼怪"带来的恐惧感，却是实实在在地让我感受到了。

话题 NO.13　神秘

林六柳的神秘事件

吴涵彧

　　尤佳神神秘秘地凑过来的时候，我正打算把最后一道课外拓展题干掉。

　　"干吗啊？"我白了她一眼。

　　"我有一个神秘事件要告诉你哦！震惊！Surprise！"她张大手臂，像一只类人猿一样夸张地挥舞着。"哎呀，其实，我看到了，你……"她神秘地笑了一下。

　　"就是那件事啊！别装傻了林六柳。"她夸张地挤眉弄眼。

　　"哦……难道是那个？"我脱口而出，心里一紧，糟糕，怎么让这个大嘴巴知道了！"那个，你知道我什么秘密了？我……"现在，我的心情完全不能用"紧张"这种肤浅的词来形容了！尤佳奸计得逞一样地笑了一下，回到了座位上。完全不顾我涕泪横飞地拉住她的衣角。

　　"哈哈，你不是要做题吗？关于那件事，我就留点儿神秘

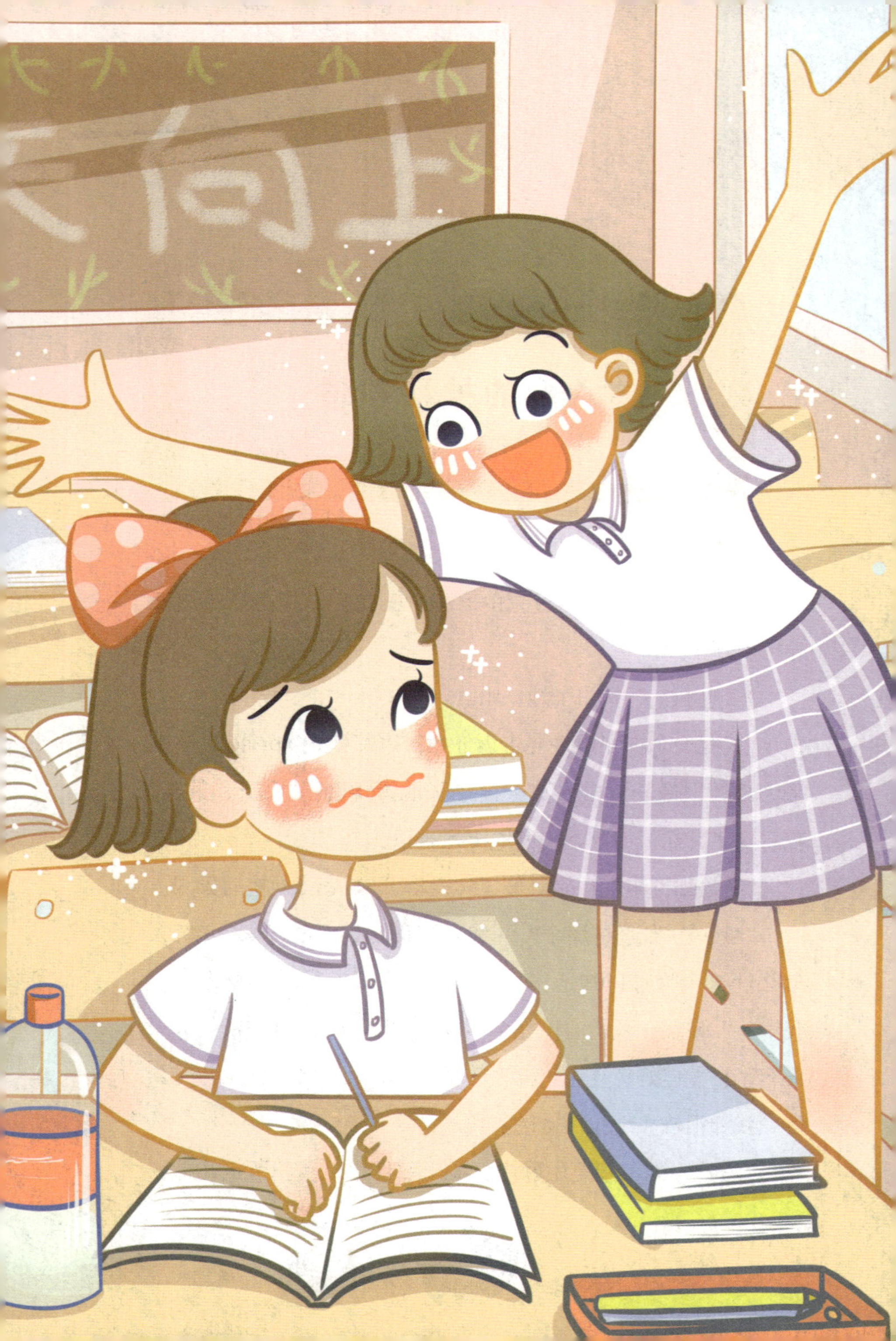

话题NO.13 神秘

给你……"尤佳笑着扬长而去。

"你告诉我啊，你告诉我吧……"

"你心里可清楚得很呢！"声音越飘越远。

搞什么神秘啊！我顿时感到百爪挠心，如果她再不告诉我，恐怕我就要撒手人寰离开这美丽的人间了！我林六柳英明一世，可不能被尤佳这个小坏蛋毁掉。我放下笔，在心里思量起来，最近，在我身边发生了什么神秘事件呢？哦，一定是那件事！

昨天下午数学老师发卷子，我作死地得了全班第三十名！苍天有眼啊，我可是一直认真复习的！造孽造孽，第二天早上我拿着顶部空白无家长签字的数学试卷，战战兢兢地来到了班上。幸运的是，冷面杀手数学老师没有发现我没有交——下课铃响了，我一抹汗，终于挺过去了！可是——

"林六柳！你的数学卷子呢？"我听到一声尖厉的呼喊。顿时我汗如雨下。

"我，我签了字，在……在这里我没有交！"

"哦，"老师的语气缓和了一点，"现在交吧。"

"我……这就拿！"我在心里扇了自己一千巴掌，才颤抖地拿出卷子，趁老师不注意，眼疾手快地签上名字，老师没有发觉，可是，我突然想到，尤佳在我后方肯定目睹了这一切！想到这里，想到最喜欢找老师告状的尤佳，我的心里有

> 雪山上的宝物

一千匹野马在奔腾啊!

"是卷子的事吗?"我小心地问。

"啧啧,你还没想到……"她神秘地笑了笑。

关于我林六柳的一切小破事都蒙上了神秘事件的面纱。

哦……难道是最近?我的脸上蒙上一层绯红。我后座的后座,那个班上比较帅的男生最近约我去看电影,在班风严格的我们班,这个应该是个大新闻了,他的字条就压在我的文具盒下面,难不成尤佳看到了,才会神神秘秘地来找我?真是的,说不定马上,全班就要传遍了啊!尤佳再次凑过来:"你还没有猜出这神秘的事是什么?"

"你告诉我吧,告诉我吧……"

"嘘,保持神秘!"

上午的语文考试,我心不在焉的,无奈地转着笔,脑子里一片空白,我到底有什么神秘的事件被尤佳掌握了呢?草草几笔,便答完了卷子。交上卷子五分钟,老师就来找我了:"林六柳,你语文一向是不错的,今天我第一个改你的,没想到错成这样!"我低头一看,什么!我的选择题全写错了,综合性学习写满了"神秘"!

尤佳,都怪你!

我焦虑地找到了尤佳,眼泪差点没流下来:"你现在能说那个神秘的事是什么吗?"

话题NO.13 神秘

"你看看你,别那么紧张啊,学霸!你就是逻辑思维太缜密,想太多了吧,这个是现在最流行的一种玩法,告诉别人有一个关于他的神秘事件,再留下悬念,这样,就可以让别人生不如死啦!嘿嘿!"尤佳笑了……

阳光姐姐点评

这种流行玩法真可怕!不动一兵一卒,却足以让人在自我折磨中崩溃而死!哈哈,开玩笑啦!不过,谁心中没有那么一点不愿意让人知道的小秘密呢?只要心中有鬼,就难免中招嘛!涵彧在故事里对林六柳心理感受的描写很精彩,很能让读者感同身受。

雪山上的宝物

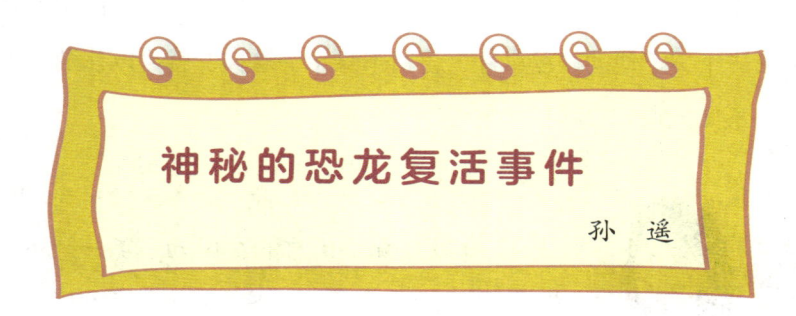

神秘的恐龙复活事件

孙 遥

2024年1月4日的下午，1点10分左右。

美国N市最繁华的街头——此时一片混乱，警报声、哭喊声、尖叫声、吵闹声响成一片。荷枪实弹的警察正在紧张地指引市民往最近一处避难所疏散，突然传来一阵震耳欲聋的碰撞声。紧接着，人们便看到一幕让他们瞠目结舌的惨剧——一辆停放在路旁的大货车被一个庞然大物踢翻在地，然后瞬间被踩成一堆废铁！

而那个庞然大物，天哪！居然就是一只活生生的霸王龙！

一只张牙舞爪、凶神恶煞、足有五层楼高的霸王龙！

难道这是好莱坞在拍摄科幻大片《侏罗纪世界》吗？NO！

那到底是怎么回事呢？别急，听我慢慢道来。

2024年1月4日的凌晨，5点钟左右。

话题 NO.13 神秘

在 N 市最大的恐龙研究基地实验室里，传来了 K 博士欣喜若狂的声音："复活液终于研制成功了！"原来啊，这 10 年的心血没白费，K 博士潜心研究的复活液终于在今天大功告成啦！

这种神秘的药水具有起死回生的神奇功效，只要在恐龙化石上滴上几毫升，恐龙体内的 DNA 组织就会被唤醒，继而将自动修复组织和皮内组织也唤醒，恐龙身上的皮肉就会迅速生长繁殖，在 1 个小时后就能还原成活生生的恐龙！

然而就在 K 博士忘乎所以的时候，站在他身后的助手突然狞笑着举起手中的木棍，一棍将 K 博士打晕，然后带着那瓶神秘的复活液迅速消失在夜色里……

2024 年 1 月 4 日的中午。

N 市最大的恐龙博物馆里，突然出现了一个神秘的男人，趁着中午游客最少，保安防范最松懈的时候，他鬼鬼祟祟地来到霸王龙骨骼化石的旁边，突然掏出一把玩具水枪，瞄准化石开了一枪！一股液体马上从枪膛里喷射出来，准确无误地射中了恐龙化石。紧接着，这个男人又蹿到剑龙、梁龙、棘龙、禽龙、甲龙等化石的身边，如法炮制地开了 N 枪。

"你在干什么？"那个男人突然听到保安的一声断喝，马上冲出了博物馆。但在他刚逃离现场不远，就被呼啸而来的警车包围起来。那个男人见无法逃离现场，举枪饮弹自尽。

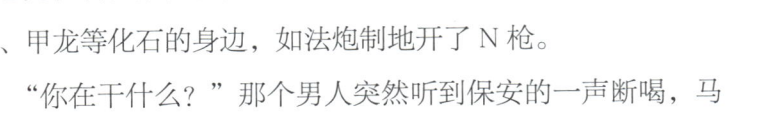

雪山上的宝物

　　警方觉得这个案子很蹊跷——只是射水枪搞恶作剧破坏文物而已，毕竟不是什么杀人越货的严重罪行，用得着自杀吗？因为没有从神秘男人身上发现任何有价值的线索，所以这件奇怪的事情也就只能不了了之。

　　可是谁也没有留意到，就在刚才，被神秘男人用水枪喷射过的恐龙骨架发生了一丁点儿细微的变化。1个小时后，一只活生生的霸王龙怒吼着，用前腿踢烂玻璃，逃出了博物馆，来到了N市最繁华的街头。

　　这就接上前面的茬儿了。这只霸王龙踢翻了大货车后，更多复活的恐龙从博物馆里逃了出来。尽管警察们把狂性大发的恐龙们包围得严严实实，凶猛无比的恐龙们一转身、一甩头、一抬腿，就把警车给踢散了架，把路人抛上了天空。警察们又不敢动用大规模的杀伤性武器，怕伤及无辜市民，所以情况变得非常危险。

　　就在这时，经过抢救已经苏醒过来的K博士看到了新闻报道，马上飞车赶到了现场。他举起喷枪对着恐龙们狂射。中了枪的恐龙怪叫着马上倒地动弹不得，而它们的皮肤则迅速腐烂，很快就露出了白森森的骨架。30分钟后，刚才还称王称霸的恐龙们全都变成了一具具空洞洞的残骸。

　　这是怎么回事呢？原来啊，就在K博士成功研制出复活液的时候，早被恐怖分子重金收买的助手将K博士打晕后把

话题NO.13 神秘

药水抢走。之后,一个恐怖分子来到博物馆,用水枪往恐龙骨架上偷偷喷射复活液。后来,被保安发现,恐怖分子怕事情败露饮弹自尽。因为恐怖组织规定,一旦任务失败,就得马上自杀。

后来,多亏K博士及时赶到,往恐龙身上喷射了溶解液,这才把恐龙变回原来的骨架——原来K博士早就想到,如果恐龙复活后无法控制,人类将会面临灭顶之灾,所以就研制了复活液的克星——溶解液。当然,这是最高机密,除了他,谁也不知道。

没想到,还溶解液还派上了用场!

阳光姐姐点评

用两条"新闻"插播在作文中,既解释清楚了事情的幕后背景,也使作文的结构形式变得新颖有趣。恐龙复活可是一件大事,所以遥遥在文章的一开头就描绘了一个灾难性的大场面,很有点好莱坞大片的风范呢!

雪山上的宝物

神秘的树洞

杨千寻

我待在树洞里，过了一分钟又一分钟。太阳好像要把大地烤成大烧饼，真口渴啊！好想喝一口冰镇蜜桃汁。想到冰镇蜜桃汁那冰爽酸甜的味道，我不禁舔了舔嘴唇，咽了口唾沫。

"她到底藏到哪儿啦？"

"快去那边找找！"听到小伙伴的声音，我赶紧屏住呼吸，躲在树洞的角落里。见小伙伴们走远了，我不禁暗笑："我可是捉迷藏的老手，想找到我？没门儿！"

这时候，我的死对头依依发现了这个隐蔽的树洞，朝里面张望。我赶紧往角落里靠，可是依依的目光不放过一粒灰尘，她扫过这个角落，发现了我。"大家快来呀！Y藏在这里！"大家向这边跑来，我慌了。

忽然，树洞一下子变长了，变成了一条长长的隧道。我不管三七二十一，朝隧道里跑去。隧道散发着潮湿的木香。我

话题NO.13 神秘

跑了好久好久，一屁股坐在地上。

一只白猫从远处跑来。我问白猫："小猫，这隧道的尽头是什么呀？"白猫没有回答。这时候，一只黑色的怪兽大笑着向我扑来。它一把捏住我，伸出锋利的爪子，说："我从你身上取点东西，给你五颗钻石的报酬，怎么样？"我犹豫不决。

"不要！不要同意，否则……"猫不再往下说了。我有些丈二和尚摸不着头脑，但我还是摇摇头。

怪兽生气了，他直接动手了。怪兽的爪子里射出黑色的绳子，紧紧地捆住我。然后，他念起了咒语。我叫道："不许这样！"怪兽愤怒地说："不让我吸，那我就解决了你的小命！"

一个黑色的光团向我射来。白猫挡在了前面，大声说："他想抽取你的毅力和信心，没有这两样东西的人永远看不到隧道的尽头，千万不要让他得到！快跑！"

我听了撒丫子就跑，只听后面"轰"的一声，一撮白毛飘到了我面前，我紧紧地攥在了手里。

我哭了，但是我没有回头。

怪兽没有追来。

我走啊走啊，遇到了一个蒙面巫师，他问我："你看到一只白猫了吗？"我点点头说："它为我牺牲了。"巫师愤怒了：

雪山上的宝物

"它是我的宠物,是不是你杀死了它?"说完,巫师紧盯着那一撮白毛。我赶紧摇头,但是巫师深信我把白猫杀了,把我关进了监狱。

这时候,怪兽出现了。它砸碎了监狱的铁门,把我救了出来。它说:"巫师和白猫是一伙的,他们千方百计地想得到彩虹石。还好紧急关头我闪过了白猫的翼动拳,咱们一起去看看隧道的尽头吧,彩虹石就藏在那里。"我很惊讶,白猫居然是个十足的坏蛋!

怪兽把我放在口袋里,奔向隧道的尽头。突然,巫师从天而降,大喊一声:"定!"我和怪兽都不能动了。"哈哈,这下可以抽取……"巫师还没说完,我的小宇宙就爆发了。我绝对不会让巫师看到隧道尽头。"啪"的一声,我又能动了,一根粉色的魔杖落在我手中。我念起了在魔法书上看到的消失咒语,巫师瞬间不见了。

我给怪兽解除了魔法,继续向前走。终于,我们看到了一丝彩色的光芒,这就是美丽的彩虹石。彩虹石旁边是我梦寐以求的天使翅膀;而拿起彩虹石的怪兽,变成了一位英俊的王子。

忽然,我又回到了树洞里。看着手中洁白的翅膀,我简直不敢相信自己的眼睛,我仿佛还听到树洞里传来王子向我告别的声音。

话题 NO.13　神秘

阳光姐姐点评

千寻的故事写得虽然短小,却高潮迭起。例如,在躲猫猫快要被小伙伴抓到时;怪兽抓住了"我"时;巫师把"我"投入监狱时;与巫师作战时等。这些情节都会让人紧张起来,也带动着故事发生转折。想写出好看的故事一定要记得向千寻学习,情节曲折起伏,才能吸引眼球。

雪山上的宝物

照影巷的秘密

杨一凡

南宋高宗绍兴九年,临安,照影巷。

清晨,巷内寂静无声,唯有一名老妇打开了铺子,准备着要卖的早点。

"吱呀"一声,老妇微微抬头,见着了推门而出的少女。

少女只有十六七岁的样子,一身素白衣衫衬得她身形越发单薄。她微仰起脸,素手拂去几缕发丝,露出清丽的容颜。一束阳光穿破云层,她眉心紫水晶的泪状额饰微微摇曳,折射出绚丽的光彩。

少女名为唐夕瑶,是江南巨富唐家的独生女,父母早亡,又没有其他亲人,偌大的家业便由她一人继承。她就变卖了所有的家产,在一月前搬来了照影巷,开了一间名为"忘川"的小小的珠宝铺子,在这里,没有人知道她的身份。

"唐姑娘,这么早就起来了?还是来一碗豆浆吧。"卖早

点的阮大娘热络地招呼着。

"嗯，麻烦大娘了。"唐夕瑶淡淡地应了声。

不远处传来了粗鲁的骂声，以及女子的抽泣声。

"唉，蕙娘还真是苦命，嫁了个李三那样的丈夫，整天对她非打即骂的……"阮大娘叹了口气，又饶有兴趣地补上了一句，"我看啊，灯笼铺的那个赵良对她挺好的，好几次都站出来替她说话，不过都被骂了回去。"

声音渐渐地近了，一个满身酒气的大汉揪着一个女子的头发，将她拖进了不远处的一扇门内。那户小楼有三层，破败不堪，一副年久失修的模样，想来当年也是富裕人家，而如今却穷困潦倒了。

唐夕瑶喝下最后一点豆浆，静静地转身回了屋。

掩上门扉，她若有所思地走到了放着珠宝的柜子前，漆黑的眸子平静而又深邃，不知道在思考着什么。

10天后，傍晚。

唐夕瑶站在门口，看着蕙娘沉默而顺从地将喝醉的李三扶回家，秀眉微蹙。

昨天，蕙娘去了药铺，回来时拿着一小包东西，一脸的不安，正好被站在窗边的她尽收眼底。

十几分钟后，蕙娘匆匆忙忙地走了出来，去了药铺。

不久，那小楼顶上，出现了一个摇摇晃晃的人影，看那

雪山上的宝物

身形，正是李三。他似乎甩了甩头，然后，一步向前跨出——

李三坠下时，蕙娘正在药铺买一帖醒酒药，与其他人一起目睹了这一场意外。

官府的人很快便来了。药铺的伙计立即告发了蕙娘曾在他们铺子里买过砒霜的事，引得巷子里的人议论纷纷，也只有赵良还在为她辩护，又引来另一阵流言蜚语。

不久后，仵作的验尸报告出来了，死者并非死于砒霜，确实是因为坠楼而死。最后，官府得出的结论是，李三是因为酒醉而来到房顶上，意外失足滑落。

这个结果让好事的人们十分失望，却又找不到证据来支持他们的猜想。

李三下葬那天，蕙娘一身孝服，神情悲痛，唯有眼底闪过一抹释然的笑意。

唐夕瑶站在不远处，眉目间如冰雪般寒冷。

蕙娘似是感觉到了她的目光，抬起头来，看了一眼，脸上掠过几许惊慌与不安。

翌日，蕙娘起得极早，在"忘川"门前徘徊着。

门轻轻打开，唐夕瑶静静地出现在门口："夫人不进来坐坐吗？"

蕙娘悚然一惊，浑身颤抖了一下，才跟着她进门。

铺子里收拾得很干净，四面都是柜子，中央有着一张木

桌与几把竹椅，一只雪白的猫蹲在一旁，碧绿的瞳紧紧地盯着陌生的客人。

"碧儿，走开！"唐夕瑶一声轻叱，那只名为碧儿的白猫犹豫了一下，向后院的方向跑去。

唐夕瑶带着蕙娘走到桌旁，桌上已沏好了两杯茉莉花茶，正冒着氤氲热气。

"夫人此来所为何事？"唐夕瑶淡淡地问道。

"昨天，你……为什么那样看着我？"蕙娘尽量平静地问道，眼底仍不免露出些许不安。

"夫人知道的。"唐夕瑶定定地看着她，"夫人自己做了什么事，自己还不清楚吗？"

"我做了什么事？"蕙娘的脸上再没有了那伪装的平静。

"谋害你的丈夫，李三。"唐夕瑶轻轻吐出这几个字，神色冷漠。

"唐姑娘，你不能这样诬蔑我，那时候，我明明就在药铺里，何来谋害一说？"蕙娘站了起来，声音略高了几分。

"但是，在那之前呢？"唐夕瑶依旧一脸平静。

"之前？"蕙娘喃喃地重复道。

"我去看过，楼顶上，有人睡过的痕迹，那里的一块人形的地方，并无灰尘。"唐夕瑶的嘴角泛起莫测的笑意。

那天晚上，她施展母亲传的轻功，去楼顶上看过。她早

> 雪山上的宝物

就明白了一切。

蕙娘失魂落魄地跌坐在椅子上，喃喃着："不是我……我什么都没有做。"

"对，你是什么都没有做。"唐夕瑶微微一笑。

她的确什么都没做，那天傍晚，她只是把烂醉如泥的丈夫扶到了房顶上，接近边缘的一块平台上而已。那时天已快黑了，没有人会注意到，那么高的地方，会睡着一个人。

然后她下楼离开家，去买那一帖醒酒药。其实去干什么都无所谓，只要她不在家就好。

房顶上的李三虽然酒醉，但是，只要他被冷风一吹，很快就会醒过来，却还是有些神志模糊。

一般的人，酒醒之后，首先想到的，便是起床如厕，李三也不会例外，他按照千百次的习惯，起身，然后向前迈出一步。

他怎么也不会想到，自己是在房顶，而不是在熟悉的床上，他不会想到，自己的妻子，竟会扶着他，来到了这里。

这一步迈出，便是跨过了生死之门。

而他苦命又娇弱的妻子，在药铺中匆忙抬头，目睹了她的丈夫"失足"一幕，身旁有着伙计与几名客人为证。

很完美的计划，不会留下丝毫痕迹，而房顶上的灰尘，除了唐夕瑶，也不会有人能发现。

因为当时，房顶上只有李三一个人，不会有人去怀疑。

"你想做什么？"蕙娘低声问道。

"放心吧，我不会去告发你的，虽然这样子并不好，但我仍觉得，像李三这样的人死了，只能算是恶有恶报。"唐夕瑶微笑着走到东面的柜子前，从里面拿出了一个小小的木匣。

她走回蕙娘面前，将手中木匣递了过去："夫人，收下吧。"

蕙娘惊异地盯着她，不知是因为唐夕瑶方才的话，还是这个木匣。她打开木匣，拿出一串手链。细细的银链宛如枝蔓般相互缠绕，上面有一朵蓝宝石雕成的蔷薇。

"希望你能像蔷薇一般，柔弱却又坚强。"唐夕瑶淡淡地说。

蕙娘有些慌乱地抬头："我不能收，我买不起它。"

"不必了。"唐夕瑶目光深远，"我只想问问，究竟是谁告诉了你那个方法？"

蕙娘震惊地望着她，良久才答道："是在药铺帮忙的朱姑娘，李三经常发酒疯毒打我，她看不下去，就……"

"那砒霜又是怎么回事？"唐夕瑶又追问一句。

蕙娘低头，呜咽着道："如果此计不成，我就打算和他一起同归于尽，这些年我真的受够了！"

唐夕瑶微微点头："夫人，离开这里吧，如果可以的话，我祝你能早日成为……赵夫人。"

蕙娘微红了脸："他是个好人。"她起身走到门口，"你也是，谢谢你。"

雪山上的宝物

门轻轻地关上。

第二天,一辆马车载着一对男女,驶离了临安城。

阳光姐姐点评

这是一个颇具古风的神秘案件。一凡平时一定很爱看古风小说,才使得她的叙事语言简洁却又充满古色古香的味道。虽然故事的重点是讲述一个案件背后的真相,但我更喜欢的,是对唐姑娘这个人物的描绘塑造。无论是对唐姑娘的神态还是语言描写,都传神地表现了她的神秘莫测。

神秘邮箱

邱慧伶

你家楼前是否有一个信箱？你是否认为它仅仅是普通信箱？但我却觉得，它有着不为人知的神秘功能……

在一个夜黑风高之夜，四周很宁静，一个邮递员郑重地把一封信投入邮箱，那是一本样书。邮递员千真万确放入邮箱一本样书，然后抖抖衣袖的土离去。一阵阴风在耳畔响过，树被吹得沙沙作响。

第二天一早，我第一件事就是去邮箱里看看有没有自己的样书了，看着别人家的邮箱格子里插着各种红红绿绿的信封，我的邮箱却是空的——打开里面，果然，发现里面只有一层薄薄的灰尘，再无其他。我懊恼地叹口气："样书又丢了。"这已经是我这个月丢的第三本样书。我无奈于编辑一次次补寄却还是未收到，样书像一块大石头直接坠入茫茫大海。

放学回家，走到邮箱边，眼睁睁看着一位邮递员亲手把

> 雪山上的宝物

一本样书放入邮箱里，我冲过去准备去接受这份幸福，打开信箱，愣住了——空空如也的邮箱，好像从未在里面装过什么。我惊奇地发现一个秘密，这个邮箱会吃样书。

我惊愕地看着一切，再看看旁边的邮递员："叔叔，这个样书怎么会没有了呢？"邮递员脸一黑："你竟然也知道了，给你。"他递给我一把钥匙，然后不辞而别了，留下我呆呆地凝望着空空的邮箱。

一把钥匙？到底是干什么用的呢？端详着这把看似普通的钥匙，似乎只是一把钥匙。用钥匙捅了捅邮箱那早已失效的锁，金光四射，邮箱从左向右平移了一下，邮箱后面出现一扇大门。

我试着推了一下，没想到门开了。走进去发现里面堆满了信件，我低下头，盘点着自己的信件。咦？这个不是去年的《阳光姐姐教作文》吗？呀，这本也是呀！那个是《妙笔》，那个是……底下零零散散地堆满了自己的信件，不敢相信眼前的一切。莫非？莫非我走进了邮箱的内部？

四周昏暗的光线仅能看清杂志标题，暗黄的颜色让人有些毛骨悚然。这是哪儿？我一下子惊住了，刚才完全被信件吸引，可现在呢？四周没有窗户，只有刚刚来时的门，墙壁都是暗绿色邮箱的颜色。一切都是神神秘秘，无法用正常的思维去理解。

话题NO.13 神秘

从消失的信件到神秘的钥匙到这个奇怪的空间，我不敢让自己想那么多的事情，赶紧捡起地上的信向门口走去。

一阵风吹过，门"啪"的一声紧紧合上，而那把钥匙也已失灵……

后记

自己的信件经常遗失，每每那时，我都会以各种理由安慰自己。直到今天，我才想到了一个神秘的信箱故事。希望以后我的样书能被这个信箱吐出来。还我的信……

阳光姐姐点评

看到"后记"才知道，原来这篇故事是"事出有因"啊！没想到生活中的这个烦恼倒是成了铃铛写作的灵感来源，看来，真是因祸得福哇！"神秘"最大的妙处就在于，它无条件地牵引着读者的好奇心，所以，最好的故事结局，也许并不是揭露神秘的真相，而是像铃铛一样，保留神秘的味道，让读者继续浮想联翩……

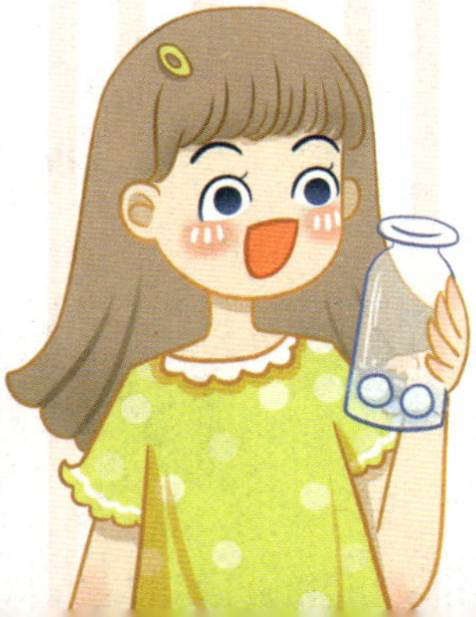

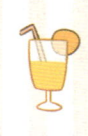

话题 NO.14

宝
物

雪山上的宝物

【七嘴八舌小密探】

阳光姐姐：现在，如果阳光姐姐可以给你一件宝物，你最想得到的是什么呢？

旋转的小陀螺：月光宝盒，只要一说"般若波罗蜜"，我就可以让时光倒流，然后穿梭到任何一个我想停留的时代。

小葵花：还魂丹，这样，我就可以救回我最喜欢的金毛犬"番茄"了，我很想看它生很多小金毛，我也肯定会很耐心地照顾"番茄"和它的小baby的……

熊本熊：可以变出许多人民币的机器，而且取之不尽，用之不竭，我好想拿这些钱去买遍全天下的零食哦。

我超可爱的：一双翅膀，有了它，我就可以飞到任何我想去的地方，而且，我是不是也就变成小天使了呀？

可乐不加冰：魔法棒，我希望只要一挥动魔法棒就可以立马换装，就像《巴啦啦小魔仙》那样——"巴啦啦能量……"

小老鼠想回家：我不要那些花里胡哨的，我只想要一个世界上最酷的机器人，而且它要是能陪我踢足球、玩游戏、写作业还有扫地拖地那就更棒啦！

榴梿糖：一个哆啦A梦的口袋，我很喜欢看《哆啦A梦》，

话题NO.14　宝物

如果能拥有一个一模一样的万能口袋，那我这辈子简直就是无可挑剔的完美。

不二家的兔子：能让青春永驻的药，我的妈妈是世界上最漂亮的人，我真的不想她变老……

雪山上的宝物

【话题作文大PK】

宝物拍卖会

刘宇琦

"宝物，宝物，难得一见的宝物，快来瞧一瞧，看一看！"周末的街边，一只八哥正大声叫喊，吸引过路人们的眼球。爱凑热闹的我也围了上去。这是一只滑稽的八哥——头上被站在一旁的络腮胡子主人歪歪斜斜地戴上了一顶带花的沙滩帽，胸前还挂了一块"宝物拍卖会"的牌子，不禁让人驻足。

看着围过来的人越来越多，"络腮胡子"清了清嗓子，"宝物拍卖会正式开始！八哥，主持！"

"好高兴，好高兴，宝物开始拍卖啦！下面有请我的主人先向大家介绍宝物。"嘿，这八哥居然主持得还挺像那么回事，真真让我刮目相看。

"咱这宝物，嘿，那可叫一个好，鼓掌！""络腮胡子"自顾自地鼓起了掌，周围哄堂大笑。"这个宝物到底是什么呢，

话题NO.14 宝物

拿出来看看呗!"一个穿着时尚的阿姨问道。

"这个暂且搁后,先听我讲讲咱这天赐宝物。"京腔一起,众人皆凝神。谁知他又拿出一个快板打了起来,"竹板那么一打,别的咱不夸,咱先来夸一夸这天赐宝物!它与慈禧有渊源,它的色泽比花鲜,它的价值不可估,它的真假尤可辨。起价200元。""啪。"快板越打越快,突然,"络腮胡子"手一滑,竹板像香蕉皮一样直扣在他的脸上。霎时笑声此起彼伏。

"300。""400。""450。"……顿时,围观的人纷纷出价。咦?大家压根儿就没看到宝物是什么,怎么敢抬价,不怕被骗吗?嘿嘿,他们是被"络腮胡子"的"语言魅力"所迷惑了,女人专有的"购物欲"被激发出来了!突然,成交之际,刚才一直被遗忘的八哥突然冷不丁地说了一句:"哈哈,宝物就是我,快把我带回家吧。"

"络腮胡子"红了脸:"嘿嘿,没错,它就是我这次拍卖会要拍卖的宝物。""切,还以为是什么传世珍宝呢,不过是一只八哥而已……"围观人群一拥而散,"络腮胡子"的脸色顿时难看起来,脸拉得老长,变成了"马脸络腮胡子"。

有些人甚是执着:"那它和慈禧有什么关系呢?""我的名字叫慈禧。"天啊,这只八哥真是像"美嘉"李金铭一样的自曝王啊!

当人群散尽时,我走了上去:"叔叔,这个宝物我要了。这

> 雪山上的宝物

只八哥对于我生病的奶奶真是解闷的特级宝物啊!""好。""络腮胡子"大吼一声,"我给你优惠,50元成交。""OK。"我大跌眼镜,200元直接降到50元,这个老板可真不会做生意呀,不过正合我意!"咔,宝物拍卖会到此结束。"八哥幽默地打板收尾。

八哥"慈禧"实乃宝物也!

阳光姐姐点评

这一篇作文,倒是可以改成一篇精彩的小剧本。虽然篇幅不长,但是情节一波三折,趣味十足。小琦在一开篇就埋下了个"悬念",高声叫喊宝物拍卖,却并不告诉大家"宝物"究竟是什么。到了揭开谜底之时,众人纷纷散去,似乎故事已经走向尾声时,却峰回路转,来了个"识宝""买宝"的真正买家。故事情节很紧凑!语言表达诙谐有趣!

话题NO.14 宝物

心中的宝物

何万涓

每当我路过雍雅园,听见那里孩子的欢声笑语,都不禁会想起我珍藏在心中的一件宝物——那是我在雍雅园,最美好的回忆。

亲爱的伯洛,你还好吗?你是和我们这群调皮鬼相处得最融洽的一只猫。你像一位彬彬有礼的绅士,是猫中伯爵般高贵的人士吧?与你毛纹相同的猫在雍雅园有许多,但你的贵气与骄傲,哪儿是那些猫能学得来的?你现在对孩子们还会有敌意吗?相信不会了吧。我还记得你最初认识我们的时候,对我们有那么大的戒心,一见到我们就弓起背"喵喵"直叫,总是把我们吓一大跳。

还有罗拉,你和伯洛相处得还好吧?作为一只猫女士,得学会保养。你的毛色总是那么黯淡无光,千万别告诉我你老了。作为一只优雅的猫,老也要老得优雅啊!总是看到你无精打采的样子,让我们感到心疼。

雪山上的宝物

　　那位喂猫的老奶奶，还记得我们这群捣蛋鬼吗？您总是那么反感我们将午间在学校吃剩的饭菜喂给猫咪们吃。为此，我们一度将您拉入了我们心中的"黑名单"。可现在听来，您那"miumiu、miumiu"的叫声，是包含了对猫的多少感情呀。难怪它们对您是如此信赖。

　　走进雍雅园，那座凉亭依旧那么熟悉。我们那时候还是小孩子，无法避俗地会玩"过家家"之类的游戏。可我们高端地发明出了"中药世家"这样的玩法——一块石头、一堆草叶，细细研磨，慢慢捣弄，一服服"独家秘方"就这么诞生，也不知最终的"疗效"如何。

　　那棵"芨芨草"，原谅我们至今都不知道你的大名。不过我们也并没有兴趣知道，不是吗？"芨芨草"这个名字是多么亲切啊，"物"如其名——你的草叶这么扎手，一不小心便会划伤我们。尽管如此，在我们这群"破坏分子"面前，你还是无法避免"灾难"——变成"秃头"！不知道你会不会怨我们毁坏了你的形象呢？

　　保安叔叔们，你们对我们这群"小浑蛋"是否还记忆犹新？记得你们那时总是这么骂我们的。现在听来，"小浑蛋们"倒不像批评，而是夸赞了啊！嘿嘿，雍雅园二、三楼还没有装修好的时候，我们总是喜欢跑上去玩"穿越火线"，而你们是不厌其烦地来赶我们走的"扫把星"。可惜现在二、三楼装修好了，整天有人看着，让我们不知少了多少趣味。

　　"无端端"小朋友，你还记得我们这群奇怪的大哥哥大姐

话题NO.14 宝物

姐吗？那时候你告诉我们，你的名字叫"无端端"，可是让我们笑了好久。至今还不知道你的大名呢，无端端，相信我们还会遇见吧！

嘿，丹纸、邝邝、大悦悦、萌主、珺瑶、张晓玮、老郭、橘子睿、小鱼君，你们还记得"来自雍雅园的我们"吗？还记得我们一起创立的"3838438"号列车吗？如今列车要启动了，"列车长"和"乘务员"们，赶紧到位啊！还记得那条让我们齐心合力工作了近一个月的水道吗？记得那时候我们想建条水道给观赏竹浇水，反倒是溅了自己一脚泥水。

可惜，我们终究长大了，离雍雅园那些日子已经越走越远了。可是我不敢忘记，更不能忘记，我们留在那里的点点滴滴。因为它是我心中，永远的珍藏！

阳光姐姐点评

感觉何万涓心中的这份宝物真的在闪闪发亮呢——那些珍贵的记忆碎片，都会持久地发出朦胧又美好的光芒不是吗？虽然她没有明说，但很显然，雍雅园是个她曾经住过的地方，那里有她的小伙伴，有熟悉又陌生的大人，有亲切的动植物。其实，也因为有了你的记忆，雍雅园变得更加有意义了呢！相信它也在思念着你哦！

雪山上的宝物

鲛人的珍珠

杨一凡

10月，天气早已渐渐转凉，山林披上了金黄与火红的外衣，其中隐约夹杂着点点绿色，那是长青的松柏。

蕈儿走在山间的小路上，有一个小湖离她家不远，只有20分钟左右的路程。很快，她便来到了湖边。

今天天气很好，天空澄澈湛蓝，偶尔飘过几朵白云，在微风中变幻出各种形状。

蕈儿走到湖边的芦苇丛中，爬上了一块被芦苇掩映着的大石头，一手托腮，凝望着湖面。

湖面水平如镜，不起一丝波澜，但蕈儿注意的却不是这个。

水面上飞舞着许多金色的光点，如果仔细看就会发现，那是一个个娇小的精灵，相貌与人类无异，只是背后多了两对薄翼。

住在山中的花精白喙姐姐曾经跟蕈儿提到过阴阳眼，也

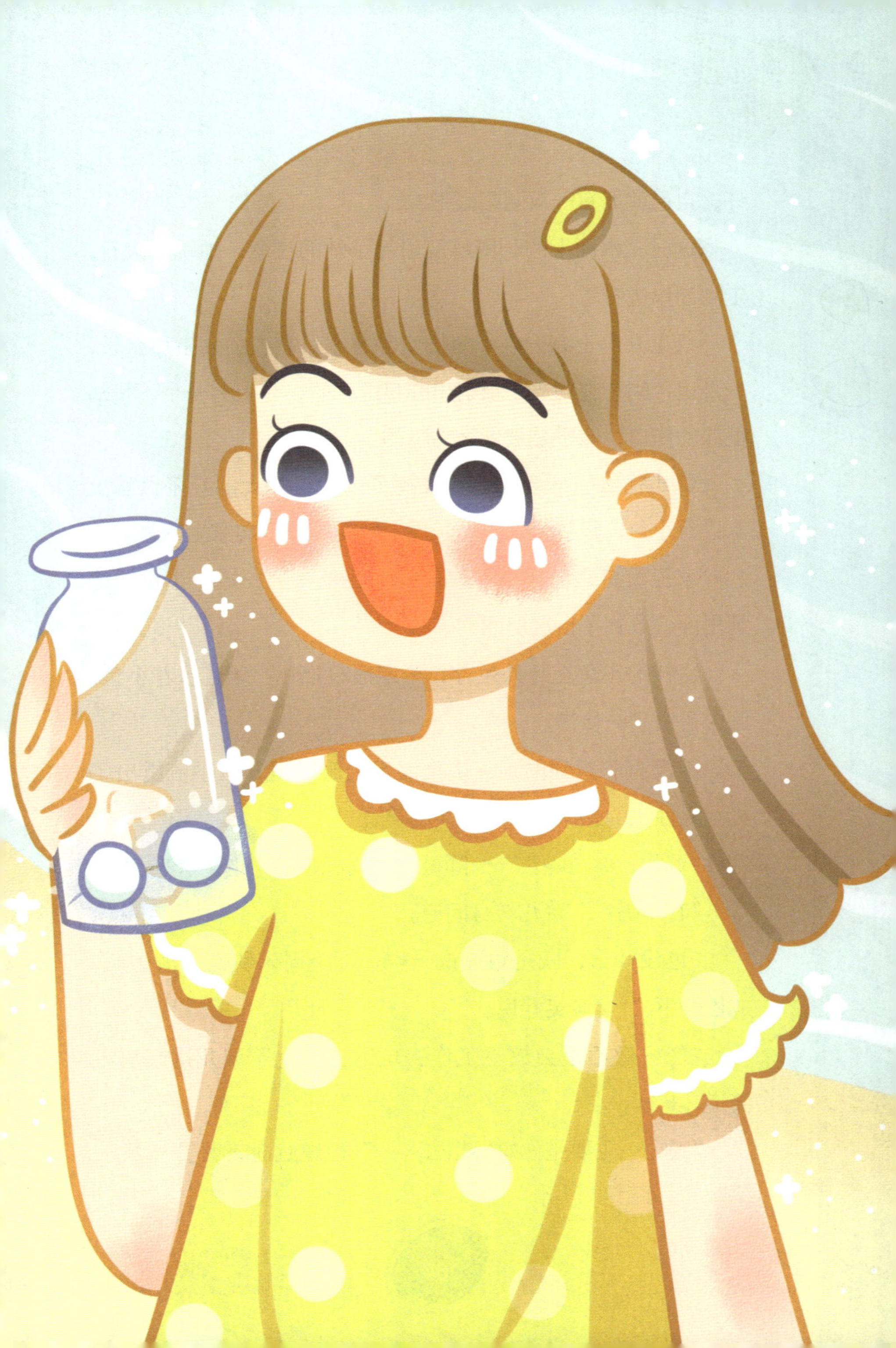

> 雪山上的宝物

许，自己就拥有一双阴阳眼吧？

这时，水面上的一圈涟漪引起了她的注意，她跳下大石，走到湖岸边查看。

只见湖岸上有一条小鱼搁浅了，它只有人的食指那么长，一身银色鳞片在阳光下反射出夺目的光彩，身上有一个不长却很深的伤口，似乎是被什么鸟啄的。

蕈儿犹豫了一会儿，转身找了一片巴掌大的叶子，盛上水，将小鱼轻轻放了进去。然后，她便飞快地向家里跑去。

家里没有鱼缸，但广口玻璃瓶还是有的。她将小鱼转移到里面，放到了自己房间的书桌上。

这样的小鱼在野外生存，一定很艰难吧？蕈儿望着小鱼，眼中是满满的怜惜。

她没有注意到的是，小鱼漆黑的眼珠里，似乎流露出了极为人性化的感激与一丝淡淡的笑意。

"蕈儿，你在吗？"一阵敲门声响起，父亲走了进来。

"有事吗？"蕈儿转身问道。

"也没什么，就是跟你说一声，下个周末我们去海边玩，放松一下。"父亲笑着说。

"您好像不是会放下工作去玩的人吧？"蕈儿挑起眉毛笑道。

"嗯……主要是你妈妈想去……"他尴尬地咳嗽了一声。

话题NO.14　宝物

蕈儿忍着笑意，露出一脸"我明白"的表情。

"咦，这条小鱼是从哪儿来的？"父亲转移开话题。

"它受伤了，我把它带回来养几天，再放回去，行吗？"蕈儿问。

"当然可以！我先走了，还有不少资料要整理呢。"说完，他匆匆地离开了。

日子平静地过去，小鱼的伤居然在三天内就恢复得差不多了，这让蕈儿很是惊讶。

也就是在这一天，白喙来了。

"你怎么来了？"蕈儿疑惑地问，白喙是花精，素不喜与人交往，平时很少出来。

白喙没有回答，而是拿起了书桌上的瓶子，一拉蕈儿，"跟我走"。

蕈儿一脸茫然地跟着她来到湖边。

白喙手一翻，那条小鱼便随着水流落入了湖中。

下一瞬，一道银光闪过，令蕈儿的目光瞬间呆滞。

一个人身鱼尾的少女出现在湖水中，黑发黑眸，笑容甜美，银色的鱼尾轻轻地拍打着水面，荡起一层层涟漪。

"你是怎么认出我的？"少女疑惑地问。

"活了那么些年，这点眼力还是有的。"白喙微微一笑，"你叫什么名字？"

雪山上的宝物

"星璇。"少女轻声答道,然后转向蕈儿,"对了,谢谢你的帮助。"

"不用谢。"蕈儿愣愣地说。

"你们鲛人一族不是生活在海里吗?怎么会到这个小湖里来?"白喙问道。

"以前,这里也是海,我一直在海底沉睡,不久前才醒过来,这儿已经变成小湖了。"星璇无奈地说。

"那你应该已经沉睡上亿年了吧?"蕈儿咽了口唾沫,有些艰难地问。

"是呀。"星璇轻快地说。

"你想不想回大海?"白喙问道。

"当然想!"星璇激动起来,"你有办法吗?"

"有是有,"白喙皱眉道,"但我不能离开这里太久。"

蕈儿开口道:"我能送她回去,这个周末我正好要去海边。"

"真的吗?那真是太好了!谢谢你。"星璇兴奋地说。

蕈儿看了她一眼:"变回去吧,我带你回去。白姐姐,你……"

转身时,白喙已鸿飞冥冥,不见了身影。

几天后。海边。

蕈儿把玻璃瓶浸入海水中,小鱼欢快地游出了瓶子,在亿万年后,她终于又回到了大海。

话题NO.14 宝物

"叮"的一声轻响，蕈儿胸前淡紫色的小风铃无风自动。星璇的声音出现在蕈儿的脑海中。

谢谢你！还有，这个宝物就留给你了，就当是礼物吧！

瓶底，两颗珍珠散发着浅蓝色的幽光。

阳光姐姐点评

能够将我们"心中的宝物"这个题目发挥成一篇幻想故事，真有你的，让人眼前一亮！看得出来，小作者平时喜欢看古风奇幻小说吧？用词、行文节奏都有那种格调，风格毕现。我觉得咱们这个作文的篇幅已经不足以发挥你的构想了，说不定，写成更长的小说，会很好看的！

雪山上的宝物

神马不是浮云

陈晓茵

在我房间里的那个上着锁的百宝抽屉中的某个角落，静静地躺着一条精致的挂饰。

其实它也就是一件廉价的地摊货——一条黑色的小短绳，系着一块天蓝色的小牌子，牌上是"浮云"两个字。这块"浮云"上，承载了我和她并不是"浮云"的友谊。

她是插班生，姓毛，五年级的时候转到了我们班上。我们都挺爱拿她开玩笑的——因为她胖，而且脸上有明显的高原红。如果忽视掉这两点的话，她也是个漂亮可爱的女生，还有两个小酒窝，尤其是那双灵动有神的琥珀色眼睛里，满是真诚。

老师把她安排在我后面，交代了我们几句，然后离开教室。我转过身和她有一搭没一搭地聊起天来，她一开始还很拘

话题 NO.14 宝物

谨,没过一会儿便打开了话匣子。我看到她的笔袋拉链上系着一条小黑绳,挂着一块天蓝色牌子,牌子上镌刻着银色的"浮云",在阳光下闪着熠熠光辉。

第二天升旗仪式时,她站在我后面的后面——是女生队伍的最后一个人。我后面的好朋友郑仰天大笑:"我终于不用站队尾啦!"我们三个人扎在一块儿海侃起来,谁说"三人行,必有一人被冷落"?

我们直接亲昵地喊起她"毛毛",再后来,干脆就喊"老毛"了。

老毛可是难得的数学天才。这还真不是吹的——数学考试她几乎次次都是满分。我的数学不是很好,便想着她能帮帮我。一开始她还同意告诉我答案,后来就不太乐意了——虽然知道她是为了我好(也有一部分原因是我们是竞争对手吧),我还因此耿耿于怀过一段时间,不过很快就释怀了——没什么会比友情重要嘛!

我的名字末字是"茵",她是"阳",而且我俩都是在班里比较凶悍的女生,成绩也是名列前茅,朋友戏称我二人为"阴阳双煞"。郑不太高兴地抱怨:"你总是这样喜新厌旧,一有新朋友就不要我们这些老朋友了。"我一笑而过。那时谁都没想到,曾经那么说我的郑在上初中以后也变得"喜新厌旧"了,

雪山上的宝物

当然，那是后话了。

后来的一次座位调动，让我们做了同桌。天冷的时候，我就往她身上一躺，肉乎乎暖洋洋的。我把玩着那块"浮云"，她就看着我玩，跟我聊天。过了几天，她塞给我一件东西。我接过一瞧——黑色细绳，粉色小牌，刻着银色的"神马"。我噘着嘴告诉她，我不喜欢粉红色。她二话没说，把自己笔袋上的"浮云"拆了下来，系到我的笔袋上。我心里顿时挺感动的，我知道她最喜欢天蓝色。

时光飞逝，我们小学毕业了。毕业典礼的时候，我跟她抱在一起。她家离我们这儿很远，而且她也考到了管理很严的学校，跟我不在一起，这意味着我们以后很少会有见面的机会了。

她笑着安慰我："以后还会见面的，我会去你家找你。就算没时间，以后可以组织小学同学会嘛，'神马'和'浮云'就是咱俩的'信物'，你可不准把我忘了！"我们俩默契地从口袋里分别掏出"神马"和"浮云"，在阳光下，银色的字体反射着光芒，恍若初见。

回到家，那条"浮云"便被我好好地珍藏在抽屉里。老毛，我当然不会忘了你啊！我们的友谊，可不会是浮云。

话题 NO.14　宝物

阳光姐姐点评

原来此"神马"、此"浮云"并不是我一开始理解的那个意思啊,好玩儿!你们的"信物"可真别致,看得我都有点羡慕了呢。小作者对作文题的取意其实比较通俗——写友谊,但是特别就特别在这个友谊的"信物"上,这就让人读着觉得新鲜了。咱们写作文如果经常加点这样的"鲜味"调料,自然很美味啦!

雪山上的宝物

雪山上的宝物

朱佳文

传说在太阳升起的地方,有一座雪山,在雪山上有一件天下无敌的宝贝。有许多人试图找到它,但总是一去不复返。

我,外号"飞天猪"的著名女冒险家,决定挑战这个禁地。背上我小小的行囊,出发喽!

我全副武装,向东方走去。不知走了多长时间,80天?160天?总之,寒风凛凛的雪山已经在面前了。而我的食物也已所剩无几,看来,我得抓紧时间了。我拼尽了力气,可是在食物吃光时,还是没能爬上雪山。正在这时,突然起了浓雾,让我迷失了方向。

就当我绝望的时候,一座金碧辉煌的城堡在牛奶般的浓雾中出现了。一个女佣模样的人从城堡内走了出来,把我拉进了城堡。刹那间,我觉得自己一下子连升八级,从穷光蛋冒险家升级到了城堡主人,因为我一进门,所有的用人都恭恭敬敬

话题NO.14 宝物

地向我鞠了一躬，齐声说："主人好！"幸福来得太快，我还没准备好呢！总管把城堡所有钥匙交给我时，唯独留了一把钥匙在身边，那是走廊尽头小黑屋的钥匙。总管告诉我，那扇门不可以打开，不然我的好日子就到头了，好像那扇门一打开就会放出禁锢已久的黑暗之神似的。

我实在好奇，夜深人静时，我用别针撬开了锁，一进门，便惊呆了。许多大名鼎鼎的传奇冒险家都被铁链绑在十字架上，他们让我赶快逃命。因为假如三天后还不离开这儿的话，人就会被迷住了心窍，永远都离不开这儿了。我吓坏了，连忙匆匆收拾了行李，悄悄溜走了。

路上，我碰到了一个老太太，她只有一根拐杖和一身破衣裳。我问她有什么困难，老奶奶答道："本来我十分幸福。可是有一天，我和老头子环球旅行时，飞机出了故障，全飞机的人只剩我一人幸存。从那以后，我除了拐杖和破衣裳，便一无所有。现在，我在寻找自己的家。"我十分同情她，就把备用棉袄和剩下的一大半的钱给了她，祝她早日归家。

终于来到雪山山巅，我环顾四周，没有金子，没有钻石，没有古董，连米粒都没有一粒，明明什么都没有嘛！我对着苍天大喊："可恶，谁动了我的宝物！"

一个苍老的声音回答我："宝物，你不是已经有了吗？"

"有了？在哪儿，我怎么没看到呢？"我十分疑惑。

073

雪山上的宝物

"那宝物就是你的贪财之心已变成了充满爱的柔软之心!有了它,你还不满足吗?"

对啊!有了柔软之心,我的眼睛已不再被金钱所迷惑,而是开始发现眼前世界的各种美好。这不正是最好的宝物吗?

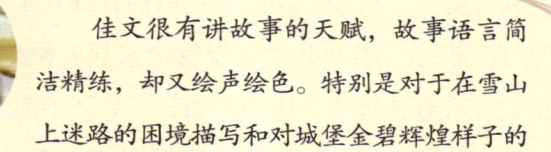

阳光姐姐点评

佳文很有讲故事的天赋,故事语言简洁精练,却又绘声绘色。特别是对于在雪山上迷路的困境描写和对城堡金碧辉煌样子的描写,形成了鲜明对比。这种对比,造成了读者阅读时情感上强烈的起伏变化。这种变化,很容易将读者吸引住。

话题NO.14 宝物

军棋之乐乐无穷

薄睿宁

在我卧室的窗台上,摆着一副很旧的军棋。那微微泛黄的颜色和残缺的边边角角,仿佛在诉说着它们沧桑的历史和曾遭受的苦难。

那次我们一家三口回老家探望爷爷奶奶,无意中在村中的小商店里发现了一副蒙着厚厚的灰尘的"陆战棋"。

"好玩!好玩!"我拿着"陆战棋"挥舞起来。

"好玩那就买吧!"爸爸十分豪爽。

妈妈有些狐疑地看看爸爸:"哎哎哎,你会不会下啊?你得陪他下啊!"老爸胸有成竹地哈哈大笑:"那是!我可是玩这个的高手。"说着就当机立断,拍板帮我买下了这第一副"陆战棋",爸爸还神神秘秘地告诉我,在他们的年代,这"陆战棋"可是宝贝!他小时候就是玩着这个长大的。当然,那时候还叫"军棋"。

我的好奇心被完全激发出来了,我和爸爸匆匆忙忙地跑

雪山上的宝物

到奶奶家的炕上，盘着脚就开始对弈起来。由于我的技术欠佳，所以爸爸先教我背了"军师旅团营连排"的口诀，然后禁不住我的百般请求，这才跟我下"暗棋"。

所谓"暗棋"，就是把军棋倒扣过来，然后对弈双方轮流掀开并行走棋子，最后谁先吃掉对方的"军旗"就算胜利。那场比赛先是我翻，我左瞧瞧，又看看，"就是这个！"我的手如同离弦的箭一般冲向那个棋子，却在半空中又拐了个弯："不对不对，还是选另外一个吧。"就这样，我犹豫了好久，最后还是勉强掀开一个，嘿，是个红色的"排长"。

"耶耶耶！"我如获至宝地欢呼起来，心中如同喝了蜜一般兴奋。爸爸微微一笑，立刻在我旁边翻开一个棋子，看来他是想"以大欺小"，把我的"排长"消灭在萌芽之中。不过，在迅速扫过掀开的棋子后，爸爸变了脸色。原来是个黑色的"炸弹"，这下可是偷鸡不成蚀把米。"啊！炸弹？"我慌了手脚，急得眼泪都要夺眶而出，"那我的排长不要死了吗？这可吃了大亏啊！爸爸，能不能悔棋啊？"

爸爸哈哈大笑起来，接着揶揄道："哎哟喂，你还吃亏？吃亏的是我才对！一个好好的'炸弹'与百无一用的'排长'同归于尽，你说说，这还不叫吃亏吗？"听了爸爸的一席话，我这才破涕为笑，继续下棋。

虽然有些"马失前蹄"，不过爸爸还是凭借着自己超群的

话题NO.14　宝物

功力，立刻扭转了局势，并连连吃掉了我好几个棋子。就连我"引以为豪"的师长，也不幸被杀。我痛心疾首，捶胸顿足："哎呀！心疼死我了！"老爸嘿嘿一笑："哎呀，没事啊！说不定我的司令也会被吃掉的！反正人不可能总处在一个倒霉的位置啊！""好吧！"我嘟着小嘴巴，有些不情愿地回答道。果不其然，不久，老爸的司令误中"陷阱"，身陷绝境，最后不幸"英勇"阵亡。虽然最后我的军旗被老爸给吃掉了，但我也乐滋滋的，丝毫没有感觉到不高兴。

后来，我不仅跟爸爸下军棋，也趁有兴趣课时带到学校去与同学们对弈，有时无聊时还自己下着自娱自乐。渐渐地，在这副"宝贝"军棋的陪伴和爸爸的不断训练下，我下军棋的水平也不断提高了。

现在又兴起了"四国军棋"。顾名思义，得四个人同时进行，我自然不能以一当四，但每次家庭聚会时，"四国军棋"可就能大显身手了。那次在姥姥家，我跟表弟表妹们凑到了一起，正好四个人，于是"战争"就不可避免地开始了。我们姐弟四人，"啪嗒"一下把姥姥大卧室的门锁上，又把军棋摆在地板上。大家"呼啦"一下，围着军棋，有的趴着，有的坐着，还有的斜斜地用胳膊肘支着脑袋，聚精会神地开始了你一言我一语，大有吵破屋顶之势的"斗争"。当然，实力最强的我，自然与实力欠佳的表妹一帮，而大表弟就和小表弟统一了

雪山上的宝物

战线，一致对外。

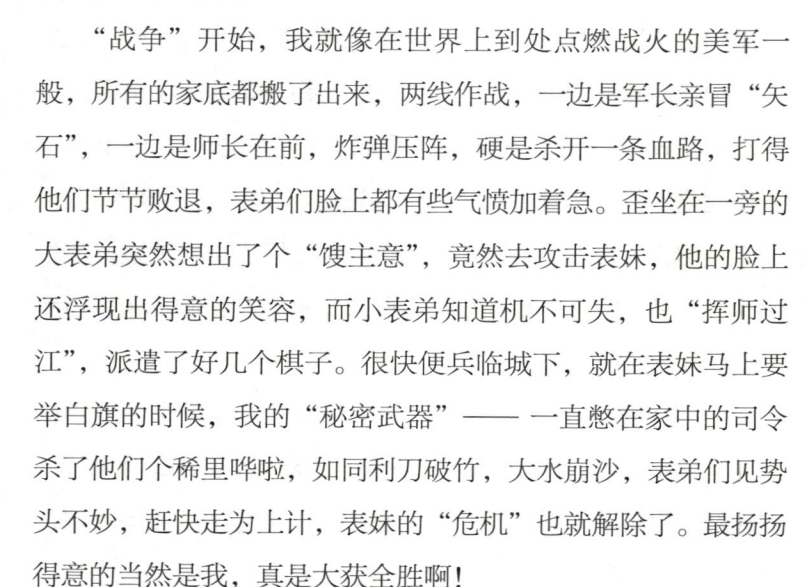

"战争"开始，我就像在世界上到处点燃战火的美军一般，所有的家底都搬了出来，两线作战，一边是军长亲冒"矢石"，一边是师长在前，炸弹压阵，硬是杀开一条血路，打得他们节节败退，表弟们脸上都有些气愤加着急。歪坐在一旁的大表弟突然想出了个"馊主意"，竟然去攻击表妹，他的脸上还浮现出得意的笑容，而小表弟知道机不可失，也"挥师过江"，派遣了好几个棋子。很快便兵临城下，就在表妹马上要举白旗的时候，我的"秘密武器"——一直憋在家中的司令杀了他们个稀里哗啦，如同利刀破竹，大水崩沙，表弟们见势头不妙，赶快走为上计，表妹的"危机"也就解除了。最扬扬得意的当然是我，真是大获全胜啊！

"不行，不行，再来一局！"每当大表弟他们输棋了，他常"呼"一下站起来，扞着腰大喊道。

"不来了，不来了，本小姐累了！"赢棋后，表妹晃着脑袋，扬扬得意地一下子把自己扔进了大床上。

"哎呀，哎呀，别吵了，再来再来！"我只好充当起了和事佬，于是又一局开始了。

就这样，我们姐弟几个能一直"杀"个天昏地暗，直到大人们下了"罢免令"方才罢休。

现在，虽然我买了不少新军棋，但是我从不喜新厌旧，

话题NO.14　宝物

特别是最早的那副旧军棋，一直是我的宝贝，被摆在了窗台上，有时候我还拿出来把玩，因为我觉得，摆在窗台上的不仅仅是一副军棋，其中更包含着我儿时充满快乐的回忆。

阳光姐姐点评

睿宁的宝物是什么？是窗台上那副最早的旧军棋，更是儿时充满快乐的回忆。与老爸、兄弟姐妹们下棋的回忆画面被睿宁描画得十分仔细，细到人物的一颦一笑，都被生动地还原了出来。

雪山上的宝物

石头记

宋昊橦

石头，遍地都是，从路边随脚一踢，要说踢不出一块来，谁都不信。

石头，大自然最美好的馈赠。虽多，却都各不相同，如同我们人类一般，没有两个是完全一样的。

石头，有的精美，有的粗糙，有的值得让人拼上财产甚至性命，有的却只配铺马路，整天被人们踩在脚底。

石头，神秘而富有惊喜。古老却并不落后，于是，便成了许多人眼中的"宝物。"

我也是拿石头当宝物的人，从小时候开始，就对石头有着浓厚的兴趣，为什么呢？这得从我老爸说起。老爸喜欢唱歌，没事就爱吼上那么两嗓子。记得那时候他总喜欢唱"精美的石头会唱歌"，到底什么样的石头会唱歌呢？于是，我的"爱石生涯"便由此踏上了旅途。

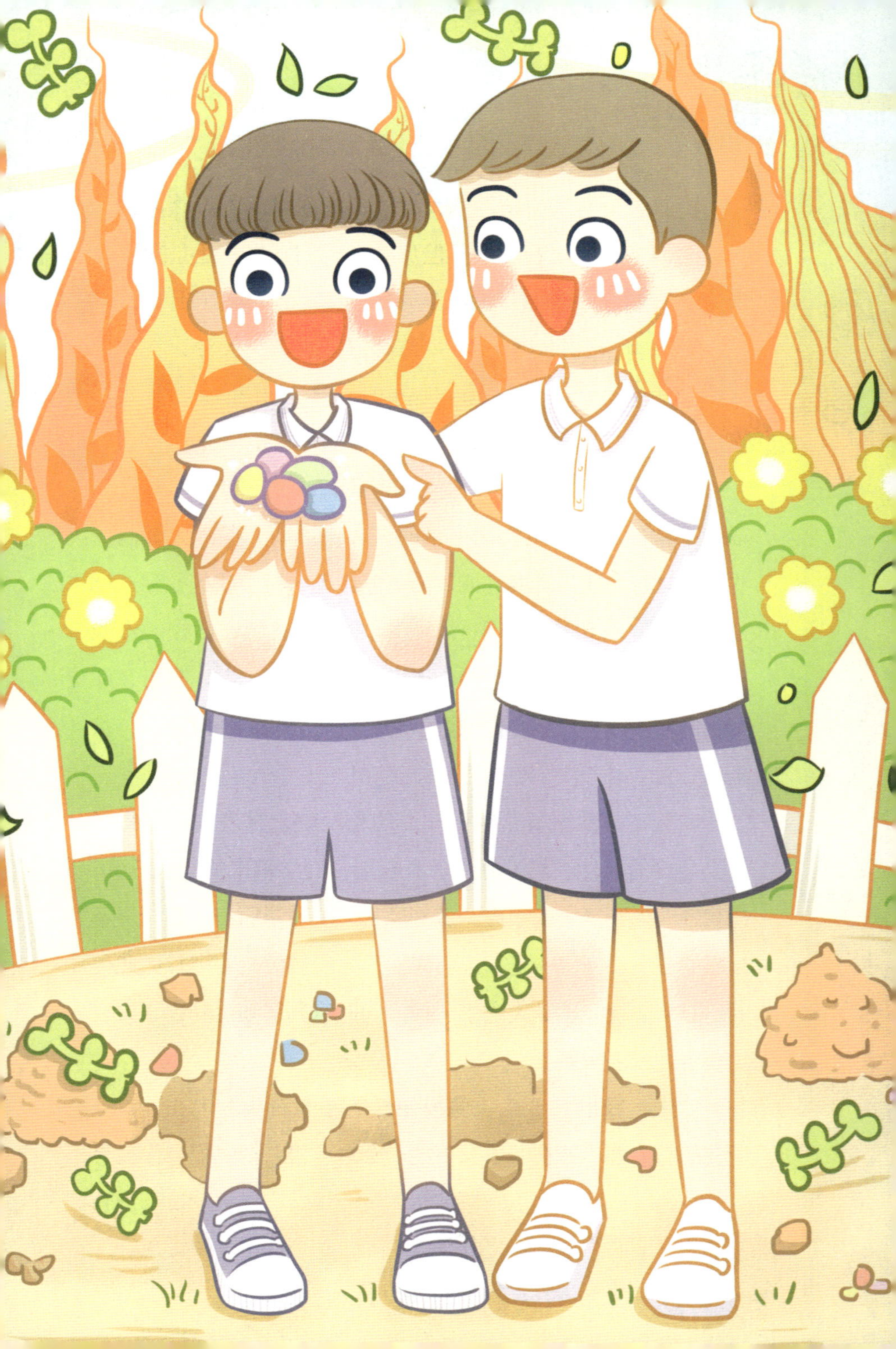

雪山上的宝物

  我们的小学从前条件不太好，操场本身就不怎么大，有的地方甚至还裸露着土地。但那时在我们看来，还是蛮不错的，我和另一位喜欢石头的同学有事没事就会在那几片土地上使劲地挖啊、挖啊、挖啊……每次都累得满头大汗、气喘吁吁，手上还全是土渣、石末等脏东西，但我们依旧是那么乐此不疲。很简单，因为从那里，经常会挖出一些漂亮的石头。

  那些石头既不算晶石，也不算矿石，更不算卵石，但也不是平常的石头。它们比平常的石头更透明一些，更圆润一些，而且有的还带有或红或黄的美丽颜色。每当我们挖到这样那样的漂亮石头，总会小心翼翼地拿着，然后到学校的水池边，仔细冲洗掉上面的污渍，比谁的石头更好一些。最后，才把它们如珍宝一般小心地藏进口袋里。因为我们那时还小，甚至还会为当时一块小小的石头打架呢！

  随着年龄的增长，我们知道的东西越来越多，也懂得了什么是好的，什么是不好的。有一天，同学带来的一块石头，让我顿时大开了一回眼界。那好像是一块翡翠原石，把一层不起眼的石皮磨开了一半，里面居然是绿得耀眼的翡翠！如此美丽的石头，让我不禁大吃了一惊。同时也真切地感受到了大自然蕴含的无限美丽。

  后来，我也有了几块像模像样的漂亮石头。现在，我把所有的石头都珍藏在了书桌下的一个盒子里，把它们当作自己

的宝物。没事时，我就会把它们拿出来久久地抚摩，然后，再把它们小心地放回盒子。

为什么要这么小心？只是几块石头而已。

不，它们不仅仅是石头，更重要的是，它们是我童年最美好的回忆……

阳光姐姐点评

石头虽然普通，但童年里，那些为了"宝物"疯狂挖掘大汗淋漓的画面；那些洗净石头后，发现美丽图纹的欣喜，都是再难还原的珍贵记忆。童年因为有了各种各样的石头，而被填满了幸福和快乐，所以，宝物的价值，不在于金钱，而在于意义。

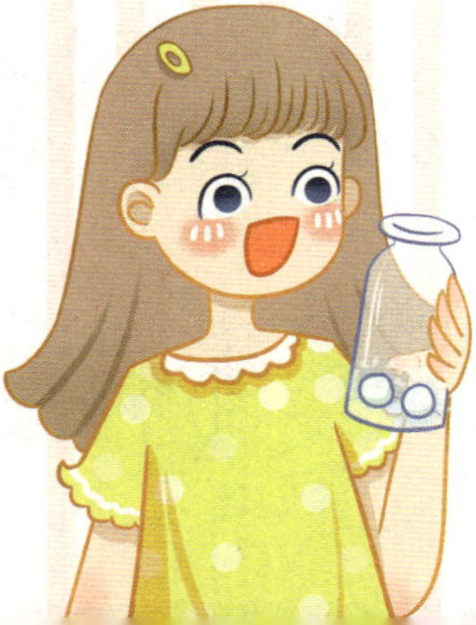

话题 NO.15

节
日

雪山上的宝物

【七嘴八舌小密探】

阳光姐姐：你喜欢过节吗？你有最喜欢的中国传统节日吗？

奶茶弟弟：中秋节呀，因为每年的这一天我们全家都会去乡下的姥姥姥爷家，一家人就在院子里吃月饼、赏月亮……我有次好像真的看到月亮里一只狗狗在撒欢儿呢！

萌了个月亮：嗯……端午节，我最喜欢吃白粽，一颗颗蘸着红糖水，甜甜糯糯，真的超级好吃。

爱玫瑰的小狮子：必须是春节呀，因为长辈都会给我红包，说来也心酸，一年到头也就过年的时候感觉自己是个小土豪，剩下的一整年就跟要饭的似的。

江冰蟾：我喜欢春节，我亲爱的老妈会做一大桌子的大鱼大肉，虽然代价就是会吃好几天的剩菜，但也是幸福的烦恼。嘻嘻。

糯米团子：重阳节，呃……不知道我算不算另类，这重阳节明明是老人家的节日，我为啥要喜欢？其实是这样的，每年重阳节我爸妈都会带着爷爷奶奶、外公外婆当然还有我去旅游，爸妈说这样也是在尽孝，所以，我才很期待这个老人节的嘛！

话题NO.15 节日

橘子汽水：端午节，因为端午节可以去看激烈的划龙舟比赛，还能吃到妈妈亲手做的艾馍，是每年限量供应的哦。

鲜虾蛋黄焗饭：元宵节，可能由于我和我家的狗都叫元宵吧……

我帅得发抖：春节春节春节，我想拿红包，我想买新衣服，我想吃肉肉……

雪山上的宝物

【话题作文大PK】

眼泪节

杨千寻

公元3013年,最后一滴水已经被人类用光了,人们只好用眼泪来代替水。"眼泪太咸怎么办?"人们向政府领导提出意见。领导清了清嗓子说:"眼泪经过特殊的处理就能变成真正的水,那时候,咱们就有水喝啦!""可是要是有人不遵守规矩,不流泪怎么办?"一位女记者提出了一个尖锐的问题。"这个、这个……"领导抓耳挠腮地想办法,最后决定把每个月的第一天定为"眼泪节",如果谁在眼泪节不流泪,那就违反了法律,要受到严厉的惩罚!

很快,眼泪节到了!

红红是个活泼可爱的女孩子,虽然整个国家都为缺水深深地忧虑着,但她却乐呵呵的。眼泪节这天,爸爸妈妈已经试过各种各样的办法,却还是没办法让快乐而又淘气的红红流下

话题NO.15 节日

一滴眼泪。现在已经是4月1日晚上11点45分了，要是红红再不流泪，那可就要被关进监牢里啊！

爸爸气急败坏，突然闭着眼睛拿起了鸡毛掸子狠狠地往红红身上打去，"啪！"红红胖乎乎的胳膊上留下了一条红红的痕迹，爸爸从来都没有打过红红啊，他是在跟红红玩吗？红红不再笑了，眼睛、嘴巴都张得老大。"啪啪啪！"爸爸又狠狠地挥舞起鸡毛掸子，恨恨地说："看你还不哭！"红红终于号啕大哭起来，眼泪噼里啪啦地落到盆里，爸爸颤抖着拿着盆接着眼泪，转眼自己干涩的眼睛里居然也有了泉涌般的眼泪。午夜12点到了，红红爸爸居然一下子接了两大盆泪水。而红红的妈妈为了流出眼泪，盯着家里的洋葱看了整整一天，总算流了一小杯眼泪，勉强过了关。

红红家算是幸运的，奇奇家才糟糕呢！他们努力了一天接了一大盆眼泪，正欢欢喜喜地跳舞，可是奇奇看到家里90岁的外婆因为太久没喝水，嗓子已经干得不会说话了，所以偷偷地把接到的一大盆泪水喂给外婆喝，外婆刚刚喝完，艰难地从原本冒烟的嗓子里吐出了奇奇的名字，他们家的大门就被撞开了，警察冲了进来，把奇奇一家人送进了监狱。

公元3013年，眼泪节还是每月一次地过着，人们想出各种办法让自己流泪，大街上的人个个眼睛哭得又红又肿，他们多么想笑一笑呀！

雪山上的宝物

阳光姐姐点评

"如果再不珍惜水,地球上的最后一滴水将是人类的眼泪",这句广告词写得好,这篇文章千寻写得更棒。原本快乐而善良的孩子们,因为今天人们对水的肆意浪费,而在未来遭到了残忍的对待。文章的立意是深刻的,让每一个读到的人都不能不沉思、醒悟。

超能力节

刘宇琦

"刘宇琦万岁,万岁!"市中心广场传来一阵阵欢呼声,一阵高过一阵,仿佛在举行呐喊比赛一般。想知道为什么吗?哈哈,不卖关子了,由于刘宇琦(也就是我本人啦)的作文被登在了《阳光姐姐教作文》杂志上,为本市争了光,所以市长特许我编一个节日来过(市长也是阳光姐姐的粉丝哦)!

我冥思苦想了一整周,终于想到了一个节日,于是立刻给市长打了电话,市长听后大喜过望,立刻下达命令,将7月3日(也就是想到这个主意的第二天)定为——超能力节!

既然是超能力节,当然就要拥有一些稀奇古怪的超能力了,我总共策划了大约20万个超能力种类(因为桂林大概有这么多人嘛,每个人当然要拥有不同的超能力喽),比如,什么隐身、飞翔这种普通一点儿的能力,还有能将自己变成微小细胞、和太阳在一起玩而不被热死这些特殊一点儿的能力。

雪山上的宝物

从凌晨起,这个节日就开始了,首先,大家要到市中心广场中央摆放的巨型玻璃球中抽取属于自己的超能力,当然,这是按照到达广场的顺序来抽的,绝对公平!之后,就不用我说了吧,你抽到的字条上写着什么超能力你就能在那一天拥有什么超能力!

第一届超能力节来得最早的居然是市长,他抽到的是能够变成蚂蚁的超能力,哈哈,平时严肃的市长大人顿时变成了一只弱小的蚂蚁,在地上爬来爬去,还要注意躲避行人,免得被踩到,这可让大家笑掉了大牙!紧接着是一位看起来八九十岁的老奶奶,她抽到的是返老还童的超能力,在她展开字条的那一刹那,她立马变成了一个扎着冲天辫、流着鼻涕的 3 岁小姑娘,可把她高兴坏了……

人们都迫切地想得到超能力,但却没有一个插队打闹的,一个人取完字条后,另一个人赶快跟上。很快,在凌晨四五点钟所有人都领取到属于自己的超能力。有人自由自在地翱翔在天空,有人像蜘蛛侠一样攀爬穿梭于建筑物上,还有人在水中跳着摇摆舞……我最后一个打开了我的超能力字条,我清清楚楚地看见上面写着—— 一口吞下一朵云。

哇哈哈,一阵风将我带上了天际,我如同猴子捞月一般,争分夺秒地将一朵香蕉形状的云吞进了肚子里,嗯,真的是一股香蕉味,甜丝丝的。身为"资深吃货"的我可不能放过这样

话题NO.15 节日

一个大好机会,又接连吞下了巧克力、冰激凌、阿尔卑斯糖等多种美味的云朵。我吃得得意忘形,可天上的云朵却总也吃不完,你刚吃完一朵,它马上又长出来一朵。一不小心,我吃到了一朵榴梿味的云,我连忙去找今天拥有控制水的超能力的人——我的同桌"绵羊"要了一杯水来漱口。我见到"绵羊"也玩得不亦乐乎,时而站在高处,拿水射下面的人;时而拿起水桶向太阳泼去,被发怒的太阳追得满市跑……

刹那间,我觉得我编这个节日真是英明!不仅让大人们摆脱了工作、生活的烦恼,也让我们这群被困在教室里的孩子无忧无虑地玩上了一天。我来到拥有能帮人实现愿望的超能力的人——一个白胡子老爷爷的面前,虔诚地许下了一个愿:"希望我的作文能多多地被《阳光姐姐教作文》录用,这样,我就能多编几个节日,让咱桂林市天天都拥有节日的快乐!"

阳光姐姐点评

作文PK赛胜出啦,下一次的"超能力节"可要叫上我参加哦!我最想拥有的超能力是能随着不同的心情变幻出不同颜色的头发来,这样想想还挺酷炫的!这篇文章的写作角度果然是与众不同的,小作者未卜先知了比赛结果,并由此出发展开故事,将现实的生活糅进了故事里,很有意思!

雪山上的宝物

零食节

张杰宁

今天一早醒来,我发现书包鼓鼓的,里面装满了我平时最喜欢的零食。妈妈这是怎么了?一本课本和作业都没有装进书包,却塞得满满的都是零食,我拿着书包就往下倒,"哗哗……"倒了足足一桌子零食,最后一张字条飘了出来:宁宁,零食节快乐!哇!原来,今天是零食节!

上学快迟到了,我背起书包马不停蹄地往学校跑去。到了学校门口,我看见原本写着"济南路小学"的木头校名牌变成了德芙巧克力做的牌子。一靠近,就有一股沁人心脾的芳香。我忍不住偷尝了几块,呀!真甜!

走进学校,树上挂满了我爱吃的零食:旺旺小小酥、奥利奥最新口味的饼干……看得我直流口水。我用力把树干摇啊摇。零食就像一个个顽皮的小娃娃,从高高的树上跳到了我的

CHIPS

> 雪山上的宝物

怀抱。我迫不及待地拆开一袋零食,大口大口地嚼了起来,直到铃声响了才恋恋不舍地赶回了教室。

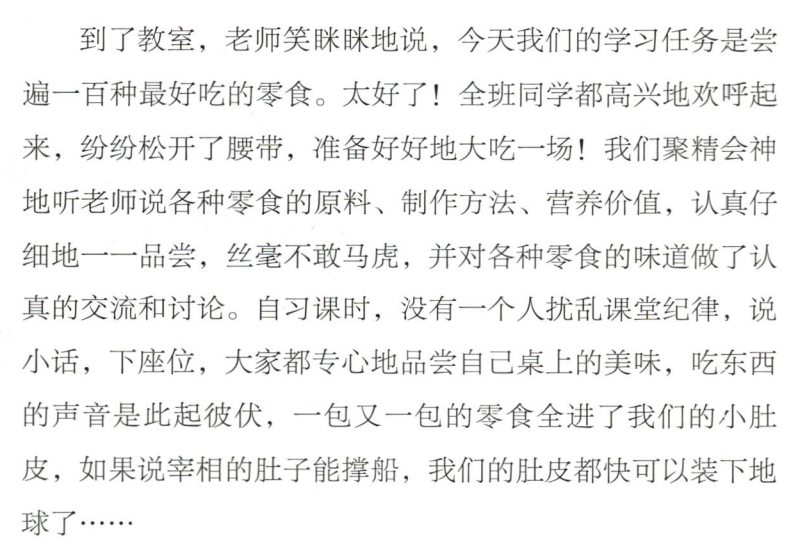

到了教室,老师笑眯眯地说,今天我们的学习任务是尝遍一百种最好吃的零食。太好了!全班同学都高兴地欢呼起来,纷纷松开了腰带,准备好好地大吃一场!我们聚精会神地听老师说各种零食的原料、制作方法、营养价值,认真仔细地一一品尝,丝毫不敢马虎,并对各种零食的味道做了认真的交流和讨论。自习课时,没有一个人扰乱课堂纪律,说小话,下座位,大家都专心地品尝自己桌上的美味,吃东西的声音是此起彼伏,一包又一包的零食全进了我们的小肚皮,如果说宰相的肚子能撑船,我们的肚皮都快可以装下地球了……

下午,学校还举行了许多零食节的活动。我最喜欢的是套圈活动。你瞧,操场上挤满了人,都是来套圈的,我好不容易才挤进去。终于轮到我了,我发现这些零食都是我平时最爱吃的,我拿着圈子,对准橙汁一投,唉!没投中。接着又仔细瞄准了近处的脆脆鲨,"耶!投中了!"我兴奋地大叫了出来,喜出望外。就这样,半个小时下来,我套中了整整一大箱零食,这些零食可够我吃一个月呢!

零食节真棒!

话题NO.15 节日

阳光姐姐点评

哈哈，一个可爱的"小吃货"想象出了一个可爱的"零食节"！宁宁先是狂吃一通，接着专心致志地学习起了零食知识，最后还不忘设计出好玩的活动，为接下来的一个月备足了"存货"，动嘴、动脑、动手三结合，"吃、学、玩"全面发展，这个节日过得可真是丰富！

雪山上的宝物

懒觉节

李 楠

今天是2013年9月1日,是学校开学的日子。不过我并不急着起床去上学,因为今天同时是"懒觉节"。什么?没听过懒觉节?你也太OUT了吧!

懒觉节是以我为首的数十万"懒觉一族"经过无数次向联合国组织提议才争取来的节日。经过激烈的讨论和投票,大家终于决定,将每年的9月1日,定为"懒觉节"!

有了懒觉节,我们这些"懒觉一族"终于可以放心大胆地睡懒觉了。成人们不必担心老板会炒自己的鱿鱼,学生们不必担心上学迟到挨批评。像我这样的懒虫经过一个假期的懒散生活,想在开学第一天不迟到实在是困难重重,所以这才将懒觉节定在每年开学的第一天。

天刚亮,厨房里传来叮叮咚咚的声响,妈妈已经在做早饭了。唉,老妈也真是的,不知道今天是懒觉节吗?我又迷糊了

话题 NO.15 节日

一会儿后，就听见妈妈的喊声："早点起床，今天开学！"我拉过被子蒙住脸，闭着眼睛抗议："今天可是一年当中唯一的懒觉节呀！"但妈妈并不打算放过我，仍然一次次地叫我，最终我失去继续睡懒觉的兴趣，极不情愿地起床。我刚坐在餐桌旁准备吃饭，妈妈一把夺走我的饭碗，喊道："都几点了，别吃了！"

唉，真搞不懂，老妈怎么狠得下心不让我吃饭。真怀疑我不是她亲生的。我饿着肚子走在去学校的路上。路边随处可见果皮、矿泉水瓶、纸屑等垃圾，与往日的整洁干净形成了强烈的对比。不必想也知道环卫工人们一定都在家过懒觉节呢！

到了校门口，看见几名学生稀稀拉拉地走进去。我们没有进教室，而是来到操场上，因为每学期开学都要举行开学典礼。操场上几位老师组织学生们按班级站排。大约中午时学生们才到齐，但典礼依然没有开始。这时听见有人嘀咕说是在等校长，大家猜测校长肯定在家过节呢，言外之意就是说校长在家睡懒觉呢！

正中午，太阳的光线越来越毒。几乎所有的师生全都汗流浃背了。校长依然没有出现。下午3点，有几名学生晕倒了。顿时，操场上的老师和学生们乱成了一锅粥。大家手忙脚乱地将晕倒的同学送去医院。

太阳已经落山了，我们一个个既累又饿，恨不得躺在地上休息。所有的师生都开始抱怨，大家议论纷纷，认为校长实

雪山上的宝物

在是过分。此时，校门口挤满了来接学生的家长，不明情况的家长还以为学校出了什么了不起的大事呢！

一个矮胖的身躯跌跌撞撞地从校门外跑了进来。大家仔细一看，居然是校长。校长气喘吁吁地向大家解释他到此时才出现的原因。

原来校长昨天去了乡下的父母家，在那里住了一晚，打算今天起早来学校。可谁知客车司机迟迟不到，在家睡懒觉。那里十分偏僻，一天只有那么一趟车。没办法，我们可怜的校长只好跑步来学校。足足几十里路呀，校长从早晨一直跑到现在。

唉，都是懒觉节惹的祸！现在我在想，要不要提议取消懒觉节呢？

阳光姐姐点评

睡懒觉想起来是件特别舒服、特别美好的事情，可是经过小作者这么一描述，又觉得凡事过分总是会惹很多麻烦。大街没人扫、司机罢工睡懒觉这还都是小事情，要是医生在手术做了一半时，也要去过节，那可就太吓人啦！小作者的文章虽然有限，可是却给我们带来了更多的想象，要不要提议取消懒觉节呢？我也深深地纠结了……

话题 NO.15　节日

编辑部的美食节

邱慧伶

厨艺大 PK

中午在食堂里和橙子一起吃着无味的工作餐，感觉好腻啊！几个菜就是换了出场顺序，几年如一日的单调。我没感觉地咽下米饭，"咱们食堂的菜好像缺油少盐，我都吃腻烦了。你呢？"橙子那个吃货自然也是如此："当然了，天天就那么几个菜，菜名都背得下来，西红柿炒番茄永远是当家菜肴啊！"我做了个无奈的表情，大脑飞速运转，突然一个灵光闪过脑袋：不如在编辑部举办一场厨艺大赛，那么每天就有美食啦！

我把这个创意告诉橙子，她举双手双脚赞同："太棒了，这个想法帅呆了酷毙了，绝对能让我的小肚子享受几天了。"得到橙子的赞同，我信心大增，急忙掏出手机和各个编辑联系："喂，甜甜啊。我打算在编辑部弄个厨艺大 PK，你来玩

雪山上的宝物

吗？""好哇好哇！""大头吗？"没想到所有的编辑的回答如出一辙，都是大大的"yes"！

我定好了简单的规则，每天大家提供一道菜，一天里要有冷热菜和主食加甜点一道，吃完一个星期，互相评分，分最高的将获得"厨神"称号。

我也得好好准备一下，要不自己组织的活动反被别人PK掉，多没有面子啊！毕竟我是出得厅堂的小雨，这点小case还能在话下吗？虽然大学毕业好久没练习了，但是现在重新做起也不算难事。

回到家，我像模像样地穿上围裙，明天的比赛我抽到的题目是做小甜点，这个真不擅长。我在大脑里回忆自己吃过的各种甜点：香甜可口的黑森林蛋糕，冰凉沁心的冰激凌，小巧可爱的马卡龙……可是，可是一个都不会做。

最后唯一的办法就是求助万能的度娘，没想到网络高人竟可以用电饭煲做出可口的蛋糕。我按照上面的步骤敲开鸡蛋，然后搅拌，再手忙脚乱地从橱柜里拿出接近过期的面粉。

有点东施效颦地临摹上面的每一个步骤。"哇，不好，面粉撒了。""天哪，糖多了，算了，甜点也好吃。""不行，怎么没法起泡？"……经过九九八十一难，费了九牛二虎之力，我才把不成样的液体扔进电饭煲，期待一个不算太糟的蛋糕出炉。

我死死盯着电饭煲，生怕它故意搞破坏，破坏了我的"大

作",经过10分钟的漫长等待,我揭开盖子,一股香甜的气息扑面而来,再往下一看,一个不成形的蛋糕摆在眼前。

我用手偷偷捏了一小块儿,放进嘴里,用心品尝,淡淡的奶香味,只不过有点甜。这有什么大不了的?我把蛋糕小心谨慎地装进保鲜盒里,准备带给那些吃货品尝。

希望明天午餐可以丰盛到爆,让自己的小肚肚放肆一下,品尝各路吃货的美味大餐!

美食 SHOW

看着手腕上的表,开始了午餐时间倒计时,"3、2、1,耶,午餐时间到。"盼星星,盼月亮,盼到了这一伟大时刻,我拽上编辑部的各大参与比赛的小编冲向食堂,每个人拿着一个装着自制美食的小餐盒,准备到食堂用微波炉一打,就可以正式地 PK 了。

看着一道道"大餐"送入微波炉里,我已是垂涎欲滴。突然发现平时编辑们都是深藏不露的烹饪高手——精通各类菜肴。虽没有吃到嘴里,单看品相就可以秒杀全场了。

我的蛋糕因为不用微波炉烤,自然就成了大家品鉴的第一道美食了。橙子带头尝了一块,我用充满期待的目光看着她,心想:不要太糟,不要太糟。"哇,蛮好吃的!"橙子惊

雪山上的宝物

喜地说，"看来美食不能只看表面的。我给 90 分！赞一个。"这时大头、甜甜也抢着吃起来，你一口我一口，餐盒里的蛋糕很快被吃光，我则是心满意足地看着空空如也的小盒子，欣慰死了，没想到第一次做的蛋糕受到这么高的好评。

"叮咚！"几个微波炉异口同声地响了，我们也顾不得烫，把各路美食接回家——嘴巴里！橙子做的小寿司个个小巧玲珑，上面的蟹黄晶莹剔透，再撒上点芥末，我一口吃下去一个，眼泪瞬间下来了，因为——因为芥末实在太火爆了，但味道不用说，很正宗。"这是我吃过最好吃的寿司了。"美食品鉴团的甜甜给予了超高的评价。

这时，我已经把筷子夹到大头做的红烧鱼里了，品相也是好得不得了，我的蛋糕跟他的鱼一比，纯属鲁班门前弄大斧了。夹一口放进嘴里，鱼的鲜香与酱汁完美融合，淡淡的豆香和浓郁的鱼香，好得没法形容。"这酱汁是你调的吗？"热爱美食的橙子想打探一下独门妙招。大头毫不客气地说："那是当然了，祖传的啊！天机不可泄露，好好尝尝我的手艺吧！"

最后一道菜显得有些清淡，是一道白菜豆腐汤，表面上没什么稀奇，无非就是清汤一盆。我用勺子舀了一勺，本想好好品尝，但发现实在太好喝，直接咽了下去，就这样，我一个人狼吞虎咽地喝着甜甜做的汤，没有一点油腻，小清新的感觉。喝到这汤，就像坐在一片田园上，仰望着一望无际的天

话题NO.15 节日

空，感受着夏日里灿烂的阳光……我已经喝得有些陶醉，"太棒了，满分，我给这汤满分。"

那几个家伙还在全力地往嘴里塞吃的，右手一双筷子，左手一个勺，已经顾不得什么比赛了，完完全全被这些美食打动了。我也加入他们的大队伍，什么形象啊都再见了。可能在外人眼里，我们就是一群好几天没觅到食的饿狼，盯着食物眼睛里冒着绿光。

"明天咱们继续吃吧！"我呼吁道。不料大家异口同声地说："不好——"一问才知道，大家都在熬夜做美食，太辛苦了！不过偶尔开展这样的活动，还真心可以调动我的胃好好运动啊！

阳光姐姐点评

铃铛对"阳光家族编辑部"的小编们真是很熟悉呀！虽然编辑部并未真的举办过什么美食节，但大家读了这篇文章之后，纷纷表示，这是个不错的主意，真的可以试一试哦！哈哈，文章里对各种美食的色、香、味描写得都很细腻、很具体，让人读了，觉得胃口大开呢！

雪山上的宝物

嘚瑟节快乐

商静怡

地球村上的节日其实挺多的,不信,你脱下鞋子。然后像玩算盘珠一样数你的脚指头吧。这个节,那个节,东方的,西方的。大人的,小孩的。要命的是,大家通常都是一起过!

不是所有的节日都受欢迎。我想要的节日也不是都有。比如,我想有个嘚瑟节。

嘚瑟节的来历是,有一个小姑娘,她的名字叫商静怡。她有什么好的消息,好的成绩都藏不住。有一回她考了双百,在班里,她知道不能嘚瑟,就故意绷着脸。可是,故意绷着脸和严肃的表情就像东施效颦,怎么能一样呢?那绷着的脸上分明有掩藏不住的嘚瑟表情啊!

很不幸,我被同学万凌菲给揭穿了。万凌菲用手指着我对大家说:"你们看啊,商静怡的脸上那种笑。她考了双百就

骄傲成这样子啦?"于是,大家一起取笑我。

如果有个嘚瑟节就好了。这一天应该订在放暑假前的一天。这一年里有什么骄傲的事,而大家又不知道的,尽可以拿出来嘚瑟一番。不然,压在心里,真是个负担。再说了,复习考试折腾了大家很久了,也该放松一下吧!这叫张弛有度。

嘚瑟节这天,大家应该吃点酥制的点心。嘚瑟节里,大家尽可以解放自己,让自己把最好的一面展现给大家。比如,我准备在嘚瑟节上变个魔术。当然了,我可没有学过正宗的魔术,只是在网上看了一点点。我想玩个变色的魔术。技术不好,我就想怎么能分散大家的注意力,不被大家识破?我就跳啊蹦啊。他们会觉得怎么变个魔术跟抽筋一样呢?那个时候,我就能从从容容地变了。哈哈。

嘚瑟节这天,谁也不能说"你真能嘚瑟"这句话。包括大人。如果谁说了这名话。就得表演她最不擅长的节目。比如,让爸爸和面包水饺;让妈妈修电器;让老师去传达室值班,马不停蹄地传达各种信息。哈哈。

嘚瑟节这天。大家要穿最漂亮的衣服。学生这天不用穿校服。如果穿自己设计的衣服就最拉风了。唉,我一直想自己设计自己喜欢的衣服。可是,妈妈总不带我去买布,她说我设计的衣服应该是给仙子穿的。我要的布料就应该到仙境里去买。大人有时候真可恶。我一定要在嘚瑟节里好好实现

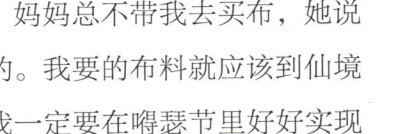

雪山上的宝物

我的愿望！

　　差点把最重要的一句话给忘了：嘚瑟节快乐！

阳光姐姐点评

　　每个人都有表现自己的愿望，在这一点上，小孩子要比大人诚实得多，也勇敢得多。把自己最好的一面展现出来有什么不可以的呢？这样能让自己变得更加自信快乐，也能让别人更加了解自己，学习自己的长处嘛！所以，我很喜欢静怡的嘚瑟节，也希望有一天能参加静怡的嘚瑟节，好好嘚瑟一番！

话题NO.15 节日

"嘎嘎节"的传说

商静怡

怎么办呢？怎么办呢？一只鸭妈妈忧心如焚。

最近受禽流感的影响，鸭舍里没有了以前的风光。以前，老人们路过这里，会进来看看，然后说："这些鸭子真了不起，下的蛋真光滑！真多！真招人喜欢！Oh，买疙瘩（My God）！"小孩路过这里，会拿起一块小石子，追着它们满院子跑得呼哧呼哧喘不说，脸上的汗水常常沾上了飞着的鸭毛。鸭子这时候会大大方方地张开翅膀，虽然它不飞，但是它是有翅膀的，有翅膀就代表有梦想，有梦想就了不起！

没有一个小孩儿追得上它们。他们只是追一阵子就放弃了。

昨天深夜，鸭妈妈的表亲从大城市中投奔而来。它说："大城市里，鸭子们已经无处呼吸了！"鸭妈妈把它藏在自己的窝里，然后用玉米秸秆盖上。把自己存得不多的食物偷偷拿

雪山上的宝物

给它吃。

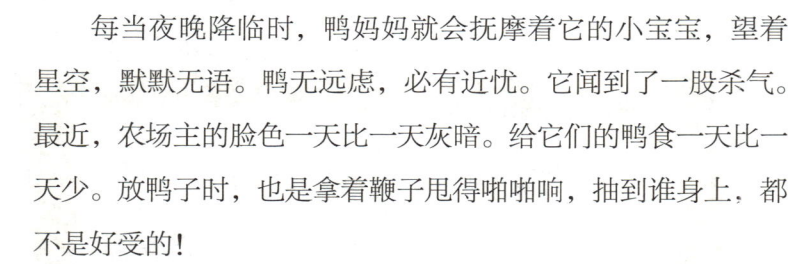

每当夜晚降临时，鸭妈妈就会抚摩着它的小宝宝，望着星空，默默无语。鸭无远虑，必有近忧。它闻到了一股杀气。最近，农场主的脸色一天比一天灰暗。给它们的鸭食一天比一天少。放鸭子时，也是拿着鞭子甩得啪啪响，抽到谁身上，都不是好受的！

鸭子们每天去的小河边有一棵树。它是一只树妖。身上藏着数不清的洞。这些洞表面看上去各不相同，而里面却非常干净而温暖，巧妙相连。洞里还有一个装满保鲜虫子的大冰箱。当然了，知道这个秘密的只有树妖自己。因为洞口有扇奇怪的木门，能打开木门的咒语藏在树冠上一只金蝉的壳里。树妖一直拿它当发夹。

这只树妖有一个五彩的头冠，非常大。每当阳光洒在上面的时候，就像皇冠一样漂亮。

这天，它解开发丝，对着小河的水梳洗时，一不小心，把金蝉掉进了水里。鸭子们刚刚游过泳，趴在岸边休息。因此谁也不愿动弹，鸭妈妈放下毛茸茸的小鸭崽，扑通一声潜入水里，在绿油油的水藻里，在臭烘烘的淤泥里，用它那扁扁的鸭嘴一点点寻找，它终于找到了这只金蝉。

它把金蝉放在阳光下晒干。"鸭子开门"四个字在阳光下闪着金光。鸭妈妈就笑了。它扭着外八字，把金蝉放在树的脚

下。"鸭子开门。"它轻轻地念道,一边念一边摇头笑。

那道门真的打开了,它蹒跚着跃上去,它看见一个温暖舒适的宝洞。

它回到农场,天已经全黑了。鸭子们都睡着了。这时,它看到一群穿白衣的人,嘴上戴着口罩,开来一辆大卡车。有人说:"杀了它们,一个不留!"在要进鸭舍之前,他们又停住了。他们的脚步犹豫了。没有人愿意打头炮。

鸭妈妈却用最短的时间叫醒了所有的鸭子,从它早就准备好的一个地洞里钻了出去。它带着鸭子们,来到了那个温暖的树洞。

突然,一种温暖坚定的声音传进了树洞:"你们放心在这里住,有我保护你们。"这时,嘎嘎声一片。

有一天,一群天鹅飞到这里,发现了这个美丽的树冠。树妖说:"在我的树洞里有一群被追杀的鸭子,它们很久没有晒太阳了。你们把它们带走吧!"

"你们都是我们的亲人。"天鹅把它们一个个地带走了。

鸭子们一边走出洞口,一边回头向树妖"嘎嘎"地叫着,诉说着无尽的感激和留恋。

这一天,就被定为"嘎嘎节"。

每年的这一天,小鸟们都会为树妖编一个漂亮的花冠,风会为它编一个漂亮的树梢,水会为它编一个漂亮的树影。它

雪山上的宝物

们把树打扮得漂漂亮亮，把河边打扮得花团锦簇。

它们想念那群鸭子。

阳光姐姐点评

好温暖的童话故事啊！"嘎嘎节"是鸭子们离开树洞的那一天，"嘎嘎节"象征着友谊，象征着温暖与感恩。静怡讲述故事时，语句都是精巧简短的，没有复杂的结构，却有着特别的流畅与诗意的味道。就像友谊，本来也是简单却美好的。

话题NO.15 节日

4班的化妆节

宋昊橦

校园里一棵樱花树的枝头上，有着一片枯叶。但是，可不要小瞧这片枯叶，只要你走近它，它就会很神奇地飞起来。是的，你没听错，这片枯叶的确会飞，因为这是一只化了妆的、惟妙惟肖的枯叶蝶。

在四（4）班，每年都会有一个特别的节日。这个节日是四（4）班的同学一起制定的。就是每年的这一天，四（4）班的同学都会像这只枯叶蝶一样，尽量把自己化妆成自己喜欢的各种各样的形象，来伪装自己，好让别人认不出来。

教室里已经闹成了一锅粥。各色各样的人物正在不停地争论着自己的化妆水平比别人高。

这时，只见一个黑影纵身跳上讲台，用沙哑的嗓音说："安静，安静一下，不然就会受到邪恶的诅咒！"

大家战战兢兢地回头向讲台看去。只见这位女生身系一

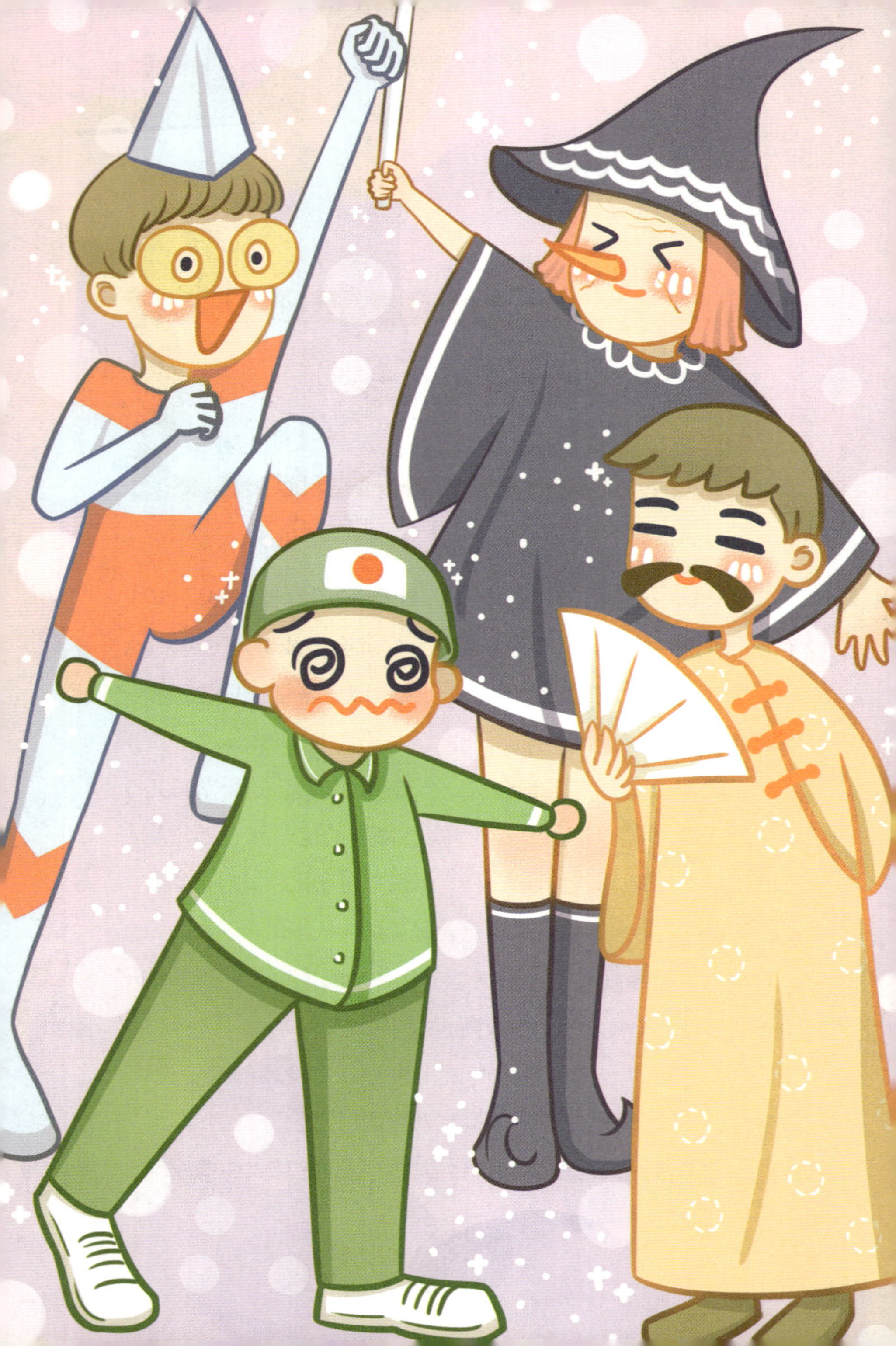

话题NO.15 节日

件黑色的斗篷，手里拿着一根纸折的法杖，鼻子上粘着一个长长的用纸叠成的胡萝卜，脸上用签字笔画着可怕的皱纹，用阴冷的目光看着大家。她以为她会像枯叶蝶一样把自己装扮得别人难分真假，可是她错了，同学们一眼就看得明白，这位正是班长周鹰。

正当周鹰想炫耀她的魔法时，一位身穿长袍，手摇折扇，嘴唇上粘着经典的鲁迅式的一字胡的人，他走到女巫跟前，带着和蔼的笑容对周鹰说："不要这么凶狠地对待别人，回去好好看看这本书。"说着，他在怀里掏呀掏，过了许久，才掏出一本薄薄的小书，然后接着对周鹰说："你别管我是谁，回去后一定要仔细阅读此书，它会教你如何做一个'好人'。"周鹰好奇地拿起书一看，勃然大怒，原来这书的封面上赫然写着3个大字：三字经。

"李渊，你就别装腔作势了，你当我是3岁小孩儿啊！这个东西我早就背得滚瓜烂熟了。"眼看怒气冲冲的周鹰举起魔杖向李渊打去。

关键时刻总会有人挺身而出，只听："你们统统滴（的），都不要打的了！"这句中国式的日语，让全班同学哄堂大笑。伴随着笑声，一位身着日本服饰，人中上粘着一小撮单人胡的"日本人"大摇大摆地走到讲台上，开始劝说他们两个和解。只听他用缓慢的语气对周鹰与李渊说："这么快乐的节日，你

雪山上的宝物

们怎么能打仗呢？这是万万不对滴（的），应该和平！打仗既危险，又伤和气……"他一停一顿的漫长讲话还没结束，就被周鹰厉声打断："王大朋，你还有完没完了！"

"没完、没完，还早着呢！我作为一位日本人，要好好地给你们讲讲和平！"

可是周鹰和李渊却不领他的情，一块撸起衣袖，一步步向王大朋逼近。

"你们……你们要干什么？"王大朋吓得直往后退。李渊一反平常文绉绉的模样，跟着周鹰二话不说就把王大朋给暴揍了一顿。跟周鹰一比，李渊可是温柔之中的温柔了。周鹰挥动手中的纸杖，嘴里叫几声："诅咒降临到了你的身上！你将受到女巫的责打……"她的纸杖劈开空气，每次都精确无误、稳重有力地击在王大朋身上，把王大朋抽得嗷嗷直叫。

班里所有人都看呆了，一个个开始都是十分惊讶，后来变为惊恐，再后来甚至有人堵上耳朵，遮住眼睛，一副"眼不见，耳不听，心不乱"的模样。

就在这时，有个人突然站了出来，准备拯救王大朋。等大家看清此人的庐山真面目后，都不禁咻咻笑出声来。因为他们眼前站着的是一位无敌山寨版的奥特曼——杨聪！他的头上戴着一个用银灰色纸折出来的小角，眼睛上挂着用橡皮筋穿起

来的两块中间有小孔的橙子皮，胸前还用别针别着一块三角形的硬纸板，纸板中心是杨聪用彩笔涂的红色斑块。

"当当当当！奥特曼来也！"杨聪叫着，一个箭步冲了上去。

被周鹰与李渊揍得两眼冒金星的王大朋，一见到杨聪，先是一愣，一会儿后，忍不住放声笑起来："哈哈哈……杨聪，你这装扮也忒傻帽了吧！哈哈哈……"王大朋差点笑岔了气。他一边笑，一边捂着肚子。最后，都笑得趴在了地上，直用拳头擂地面。

"哈哈哈，杨……杨聪你也太有才了！哈……"王大朋一边笑一边说，完全没注意到一旁怒火中烧、正"咔吧、咔吧"用力掰着手指关节的杨聪。等王大朋慢慢发现时，已经晚了，只听杨聪用气壮山河的声音对王大朋说："为了整个地球，为了整个世界的和平，我必须出手了！王大朋，看招！"

"为什么受伤的总是我？"在接受杨聪的一通攻击后，王大朋向苍天发出了伤心的疑问。

大家津津有味地欣赏着这4位的表演，都觉得有趣极了。无论是文人书生李渊，还是倒霉日本人王大朋，还是凶恶女巫周鹰，"英雄"奥特曼杨聪，在大家眼里，都是一个个装扮古怪的专业演员。

"哈哈哈哈……"当一阵阵欢乐的笑声从四（4）班传到

雪山上的宝物

其他班里时，总会有人忍不住问："他们到底在干什么？像过节一样。"

他们当然不会知道，四（4）班就是在过节，一个其他班级不会知道的节日！

阳光姐姐点评

不知道樟樟在这"化妆节"中装扮成什么样子了呢？我猜，没准扮成加勒比海盗了吧！很喜欢四（4）班这群创意十足的"专业演员"，不仅动手动脑，将自己装扮成了一个个有趣的人物，而且还都超级有才，自导自演，好戏不断！当然，最有才的还是樟樟啦！虽然不知道他到底装扮成了什么样子，不过，他的作文可是将"化妆节"的盛况，叙述得十分精彩哦！

话题 NO.16

穿越

雪山上的宝物

【七嘴八舌小密探】

阳光姐姐：你们大家应该都看过穿越剧吧？那有没有想过假设自己突然间也掌握了穿越术，那会穿越到哪里呢？

牛奶布丁：我想穿越到三国时期，然后成为诸葛亮的关门弟子，等我将师傅的智慧学得差不多了再穿越回来，那我不就是全校最聪明的人了吗？

做个有梦想的人：我……我最想穿越到游戏世界里，我要先打入敌方内部，窃取对方机密，毕竟知己知彼方能百战百胜。

夹心饼干：我就想穿越到老师的办公室，然后提前知道期末试卷会考些什么，这样我就不会只考个及格分，还挨我爸爸的揍啦！

小天猪：当然是穿越到白雪公主的世界，我一定会告诉她，千万不要吃那个老巫婆给的苹果，有毒！

大鱼归海：我想穿越到唐朝，我想见见大诗人李白，我想与他饮酒作诗畅聊大好河山。

奔走的五花肉：我想穿越到姥姥的童年时代，我知道她的右腿会摔伤，但我会送她去医院，只要去医院，她的右腿就不

话题NO.16　穿越

会跋了。

糖糖：不管是什么时间什么地点，我都OK，我实在是受不了我老妈了，她天天对我管这管那的，我都要被逼疯了！

潘多拉：我想穿越到原始时期，我很想体验那种与自然亲密无间的狩猎生活，当然了，我知道这不可能，那我就继续做我的白日梦吧！

我爱芝士：我想穿越到"泰坦尼克"号上，我要赶紧去告诉船长，小心有冰山……

雪山上的宝物

【话题作文大PK】

大唐增肥记

刘雨珊

天气渐凉，这一夜，风轻抚着我的脸庞，我闷闷地在小区里漫无目的地走着，猛然间，一声惊雷后狂风暴雨，在没有任何防备的情况下，一道闪电击中了我。我眼前一黑，便什么都不知道了。

当我醒来后，发现自己躺在一个古香古色的房间里，身上穿着奇怪的裙子。

"服务员，点菜！"

"哎，来喽！"

"酱烧排骨、酱油鸡、油焖大虾、青菜炒肉、蒜薹炒肉、萝卜牛腩、乌鸡汤。行了，就这些吧，今天胃口不太好。"

"客官注意身体，菜马上到。"

谁呀，点这么多的菜，不怕撑得慌。我走出房间，下了楼。看这样子，应该是个客栈呢。

话题NO.16 穿越

"大家快看！瘦子！"一个胖子看见我激动地叫喊。

"哪里哪里？怎么会有瘦子，国家的耻辱啊！"另一个女胖子环顾四周。

"那里，跟麻秆一样的！抓住她！送到衙门去！"顿时，一群胖子朝我跑过来。

见势不妙，我立刻转身跑上楼去。

"抓瘦子啊！抓瘦子啊！"胖子们激动地呐喊着，楼上的房门纷纷打开，又是一群胖子。完了，我被包围了。这是啥国家啊，怎么瘦是一种耻辱呢？

"小麻秆，唐朝不允许有你这么一个瘦子。"我明白了，这是以胖为美的唐朝啊！

"走，送到衙门去。"两个胖子拽着我的胳膊道。

我拼命地挣扎："我没犯罪！我没犯罪！"

瘦子终究敌不过胖子，他们顺利地将我押到了衙门。

"大胆罪犯，报上名来！"判官的表情严肃，怒视着我。

"草民小女一枚，名叫珊珊，年龄十一。"我跪在地上，低着头回答。

"你可知犯了什么罪？"判官又问。

"回判官的话，小女子不知。"我学着电视剧里的人演的语气，装模作样地回话。

"哼，还嘴硬。"判官拿起木槌朝桌子重重敲下，"来人，草民珊珊犯刑法第十八条苗条罪，被判一年有期徒刑，缓刑两

> 雪山上的宝物

年，直至体重达 200 斤释放。"

我被押入大牢，顿顿鸡鸭鱼肉。无聊的时候只能玩他们提供的 PSP，坐久了就站起来伸个懒腰。一年过去了，我达到了 200 斤刑满释放。走在街头，人人都夸我是大美女，给我钱让我和跟他们合个影。

我用这些钱买了一把铜镜，当我看到我的样子时，吓得大叫："哎呀妈呀！比快乐大本营的杜海涛还胖！"

我准备采取跑步减肥，心动不如行动。"一、二，跑！"我才跑了没几步，就被香蕉皮绊倒了，"哎哟！"

"珊珊，你怎么还在睡，要迟到了！"妈妈拧着我的耳朵气呼呼地骂道。

"哎哟哎哟！"我被老妈叫醒，发现原来是在梦中穿越了一把！

阳光姐姐点评

哈哈，多少胖子会梦想穿越回唐朝，做一回名正言顺的帅哥美女啊，小作者的想象可真是满足了大家的愿望！不过即使是穿越，咱还是不符合当时审美标准，除非增肥到 200 斤不可！要我说，胖一点瘦一点都没关系，只要健健康康、开开心心就好啦！

话题NO.16 穿越

穿越时空

林希颖

我感觉自己仿佛被浸润在一种奇妙而柔软的东西里,如云一般的流体从我的手心里滑过。

我这是在哪儿?

我努力想睁开眼,却发现眼皮一阵沉重。

耳边突然传来两个非常遥远的声音,一个带着一点金属质感,一个则显得非常苍老。声音越来越近,伴随着轻轻的脚步声,他们说着我听不懂的语言。

我努力让自己动起来。两个说话的声音顿时消失了,过了一会儿,才有一个脚步声慢慢逼近。"咔"的一声,一个玻璃似的东西被打开,我立马有了力气。我睁开了眼睛。"啊!"眼前的景物使我惊呆了:不大的房间全部是电子设备和巨大的玻璃容器,玻璃容器里装着晶蓝色的液体,有些还浸着一些我从未见过的生物。刚才,我也是被装在这里面吧。我愣了一会儿,

雪山上的宝物

然后转头问那两个陌生的人："这是哪里？我怎么在这里？"

其中一个老者的眼神缓缓飘过我，然后轻咳一声说道："这里是火星，2100年。半个小时前你突然出现在了我们的实验室里。"

"什么？火星？2100年？！"我愣了，老者的话似乎把我整个人吞噬到了一个黑洞里去，"怎么可能？我可是2013年的地球人呀！"

老者没有再看我，他一边转身去弄那些稀奇古怪的东西，一边回答我："你可能是某种原因，进入了时空黑洞从而穿越到了这里。"

穿越！我整个人再一次被震住了。

"那、那我该怎么回去？"我着急地问老者。

老者顿了顿，然后重重地叹了一口气，说道："回去？2100年的地球太危险了！"

我听了老者的话，仍然坚持要回到地球，老人家只好让那个叫西卡的助手送我回去。

西卡把我带到一艘巨大到难以形容的飞船面前，飞船古铜色的镀面，反射着浅浅的金属光泽。

西卡一边走，一边担忧地对我说："你真的要回去啊？地球，可和以前不一样了。"

"地球怎么了？"我好奇地问。

话题NO.16　穿越

西卡叹了口气，透过飞船的窗户望着遥远而深邃的太空，无奈地说道："2050年的时候，地球的磁场发生异变，加上大气层被人类严重破坏，导致外太空的一种奇异辐射进入地球，从那开始，地球上的生物开始变异。人类在地球上生活不下去了，只有搬离地球。现在，地球上危机四伏啊！"

我沉默了，没有再说什么。西卡看了看我，也不说话了。

飞船在半个小时后准时起飞，很快便进入了外太空。飞船在美丽的外太空中慢慢地飞着，一颗颗美丽的星球缓缓划过我的眼睛。但我却没有心情欣赏这些。不久，便看到地球了。从外太空遥望地球，她就像一位慈祥的母亲，在那里静静地旋转着，安静、祥和、美好。可又有谁会想到，这美丽的星球正一步步走向灭亡。

飞船在地球上安全着陆，西卡递给我一套防护服，说："穿上。"

我想起了西卡说的辐射，于是听话地穿好防护服，和西卡一行人走出了飞船。

地球真的与以前不同了。碧草长到了两三米高，蚂蚁一类的小虫子也有我一半高，见到人也不跑，甚至还有些会试探性地攻击我们。我们在巨草中行走，我突然觉得，人类好渺小，我们只不过是万千生物中的一种，又有什么资格主宰这个星球呢？

突然，从不远的山涧里，向我们跑出来一个庞然大物。西卡冲我大喊："小心，快跑！"

> 雪山上的宝物

可我却像被施法定住了似的,看着那个巨型生物,走不开一步。巨型生物越来越近,我终于看清了它的模样。是它,真的是它!

"泰格!泰格!我亲爱的泰格!"我疯了似的飞跑过去。在场的其他人都愣了,可我不管,我只要我的泰格。泰格是我养的猫咪,可就在我穿越的不久之前,泰格失踪了。而现在,我眼前的巨大生物正是泰格,虽然它变异成了巨型猫,但我绝不会认错。

耳边传来西卡焦急的喊声:"孩子!快回来!危险!"我不理他,继续向泰格奔去。

泰格愣了愣,然后摇了摇头,突然,它纵身一跃,向我扑来,我眼前一黑,顿时,什么声音也没有了。

过了好久,我恍惚地听到了母亲的声音:"孩子!孩子!你终于醒了!"我睁开眼,我还活着?我穿越回来了?

阳光姐姐点评

看了大家的来稿,发现这样的"想象文"是小朋友们共同喜欢并且擅长的。希颖胜出的原因在于,她不仅有对于"情节"的想象,还有对于"画面"的想象。比如,对未来实验室、飞船、太空和地球的描写,具体得像是亲眼见过似的!

话题 NO.16 穿越

师兄师弟看比赛

郭悦琨

八戒、沙僧当了净坛使者和金身罗汉，可是过了不长时间就有点腻了，沙僧忍不住对八戒说："二师兄，咱们到人间去转一转吧！"八戒答道："好啊！好啊！我也有此意，正想要问你呢！"于是，二人就坐着时空穿梭机来到了21世纪。

来到了21世纪，八戒左看看右瞧瞧，说出了一句差点没让沙僧晕倒的话："这是哪儿啊？不像是大唐的长安城啊！"沙僧说："1000多年都过去了，我也不知道呀！"这时，走出来一个有点眼熟的"神秘人"，他说："你们也是来看接力比赛的吗？"这个人问的是沙僧，可却被八戒抢答了："接力赛是什么玩意儿，好吃吗？"那人听了八戒的话差点晕倒，用手指了指一旁的体育馆，就迅速闪人了。

走进体育馆，沙僧和八戒津津有味地看着接力赛，这时，

雪山上的宝物

　　沙僧突然问八戒："二师兄，前面的那一个人为什么跑得那么快呢？"其实八戒也从来不懂这些，却回答道："当然要快，难道你没看到后面的人拿着棍子在追着前面那人打吗？"沙僧恍然大悟般点点头。

　　接力赛很快结束了，下面一场比的是跑步比赛。沙僧又问："二师兄，你看，那些人一排排跪着，那个拿枪的人看着他们，干什么呢？"八戒若有所思地说："大概是要枪毙，他们可能犯了什么罪吧。""砰"的一声，枪响了，但一个人也没打中，八戒着急地说："真是的，没瞄准就开枪……跑什么跑，给我停下！咦，有一条线拦着，太好了！"

　　比赛结束时，沙僧自言自语："枪毙有啥好看的？还说是什么跑步比赛……"走出了体育场，那个"神秘人"又出现了，他对着八戒和沙僧笑得直不起腰来，八戒和沙僧被笑得丈二和尚摸不着头脑。"神秘人"说："二位再看看篮球比赛和足球比赛吧！"八戒无精打采地说："不——用——啦！"可是，那人又是推又是揉的，愣是把八戒和沙僧推进了体育场。

　　又一次进了体育场，八戒说："我总觉得这人怪怪的。"沙僧说："算了算了，还是先看比赛吧！"看了一会儿，沙僧又问了："二师兄，为啥有的人把球踢进地上的网里，有的把球丢进空中的筐里呢？"八戒想了想回答："大概是水平高的往空中的筐里丢，水平低的就往地上的网里踢吧！"

130

话题 NO.16　穿越

　　"神秘人"在一旁听了八戒的话笑得上蹿下跳，八戒提高了警惕，问道："你……你到底是谁？""我是孙——悟——空！""啊！你是猴子！"八戒失声叫道。"神秘人"一抹脸，现出了原形，真是孙悟空！"呆子，不懂体育就不要胡说！"悟空教训八戒道，接着给他们一一解释清楚了各种比赛的规则。

　　"嘿嘿，不懂乱说真是闹了不少笑话！"沙僧不好意思地抓抓脑袋。

　　八戒却想起了一件更重要的事，他拉着猴子的衣服央求道："猴哥猴哥，快带我们尝一尝21世纪的美食吧！"

阳光姐姐点评

"想象"与"胡思乱想"的区别在于，前者要注意做到"合情合理"。比如，这篇文章，小作者在构思故事情节时，尊重了每个人物本来的性格特点：八戒贪吃；沙僧老实却不够聪明；猴子调皮爱恶作剧。这样的"想象"就是"合情合理"的。

雪山上的宝物

一不小心，我成了爷爷的学生

张陈实

"这次数学考砸了，回家怎么向爷爷交代呀！"我自言自语。

唉，谁让爷爷曾经是一名优秀的数学老师呢，对我的期望一直特别高。

"写作业三心二意，在嘀咕什么呢？"妈妈轻轻地拍了一下我的脑袋，这一拍出大事了。一阵天昏地暗后，我醒来发现自己坐在一间破旧的教室里。

"什么情况？在拍电影吗？还是穿越了？"我揉了揉眼睛想。

"同学们，我姓张，从今天开始教大家数学。第一课，我们重温一下小学一年级的内容。请大家在自己的本子上按照我黑板上的示范写数字。"一个英俊的小平头转过身在黑板上写下了1~10这10个阿拉伯数字。

这个张老师怎么这么熟悉啊？啊！他……他不就是年轻时的爷爷吗？我突然想起了家里老相片上爷爷年轻时的模样，

话题NO.16 穿越

惊讶得说不出话来。

"听说这个老师有点怪,但也不至于怪到让我们写这么幼稚的数字吧?"同桌小声抱怨。

"就是!我3岁就会写数字了,这么小儿科的东西也让我写,浪费时间!"后桌的同学也在小声抗议。

"张老师,我们是六年级的学生,我们不需要练习阿拉伯数字!"终于有同学大声说道。

"我的学生就要按照我的方式学习。这是今天第一课的内容,如果你们连数字也写不标准,我就会让你们一直写下去。"张老师严肃地说。

"果然是穿越了。早就听妈妈说过爷爷每年教毕业班的第一节课总是写阿拉伯数字。都说爷爷是学校里的名师,我倒要看看,爷爷能把我教成什么样的学生。"我暗自窃喜。

"张陈实,你这是自创的'狗爬体'?拿回去重写!"爷爷看到我交上去的"作业",毫不留情地把本子重新扔给了我。

"哎……爷……Yes!"情急之下,我差点说漏了嘴。

"丁零零"下课铃声响了。

"明天,肯定要教我们课本的内容了!"

"不一定,听上一届的同学说,有个班的同学练数字练了整整5天。"

雪山上的宝物

"天哪！不学书本的内容这能考好吗？"

"上一届毕业会考，张老师班里的数学47个学生25个满分，张老师让我们认真写数字肯定有他的道理。我下一节课一定要好好练。"

下课后，同学们对我的爷爷——这个古灵精怪的张老师议论纷纷。

第二天的数学课依旧是练数字，比起第一天来，大家都认真了许多。

"写好数字也没想象中那么难嘛！"我看着自己写得漂亮的数字，心情舒畅极了！

第三天，终于全班同学都过关了。

"同学们，今天我们开始教新课了。写好数字并不难，难的是'认真'二字。上我的课，希望大家认真听讲，认真思考，课后认真地完成作业。"爷爷说。

我牢牢地记住了爷爷说的"认真"二字，说来也奇怪，这两个字让我的成绩突飞猛进。因为认真，我不再粗心大意。因为认真，我听课的效率非常高。因为认真，我考试经常满分。

"小鬼，最近学习状态不错。保持下去，毕业考一定也是满分。"爷爷笑眯眯地拍了拍我的脑袋。这一拍，又出大事了。爱上这个课堂的我又一阵天昏地暗。醒来后，发现自己在

话题NO.16 穿越

书桌上睡了一觉。

原来,学习并不难,难的是"认真"二字。我惭愧地提起笔,在草稿本上认真地练起了阿拉伯数字:1、2、3……

阳光姐姐点评

小作者两次不小心被"拍头",这才惹了"大事",穿越了时空。这种"起因",可是"穿越剧"必不可少的元素哦,可见小作者对"穿越"还是蛮熟悉的。文章对于爷爷形象描写着墨很多,人物性格塑造也很成功。如果能多写写那个年代的课堂环境啦,人物穿着啦,就会更像"穿越"了!

雪山上的宝物

穿越童话王国

潘雨彤

在一个阳光明媚的早晨,我在家里,跷起二郎腿,津津有味地读着《童话故事》。渐渐地眼睛有点疲劳,就不知不觉闭上了眼睛……

一阵晕眩过后,我睁开了眼睛,看到了一个美丽的世界,周围是一片花草树木,太阳懒洋洋地直射大地,蓝天白云下,只有鸟儿在啁啾婉转地唱歌,歌声是那么清脆悦耳,使周围显得格外安静。

这里是哪儿?

我慢慢地走向树那边去,才恍惚发现这是一片郁郁葱葱的树林。这里的空气十分清新,不管是地上的还是树上的花,都像一位位漂亮的姑娘在比美,在争夺美丽王冠。这哪里只是一片树林啊!这简直是童话中的天堂嘛!

正当我激情满怀地欣赏着林中美景的时候,突然听到一

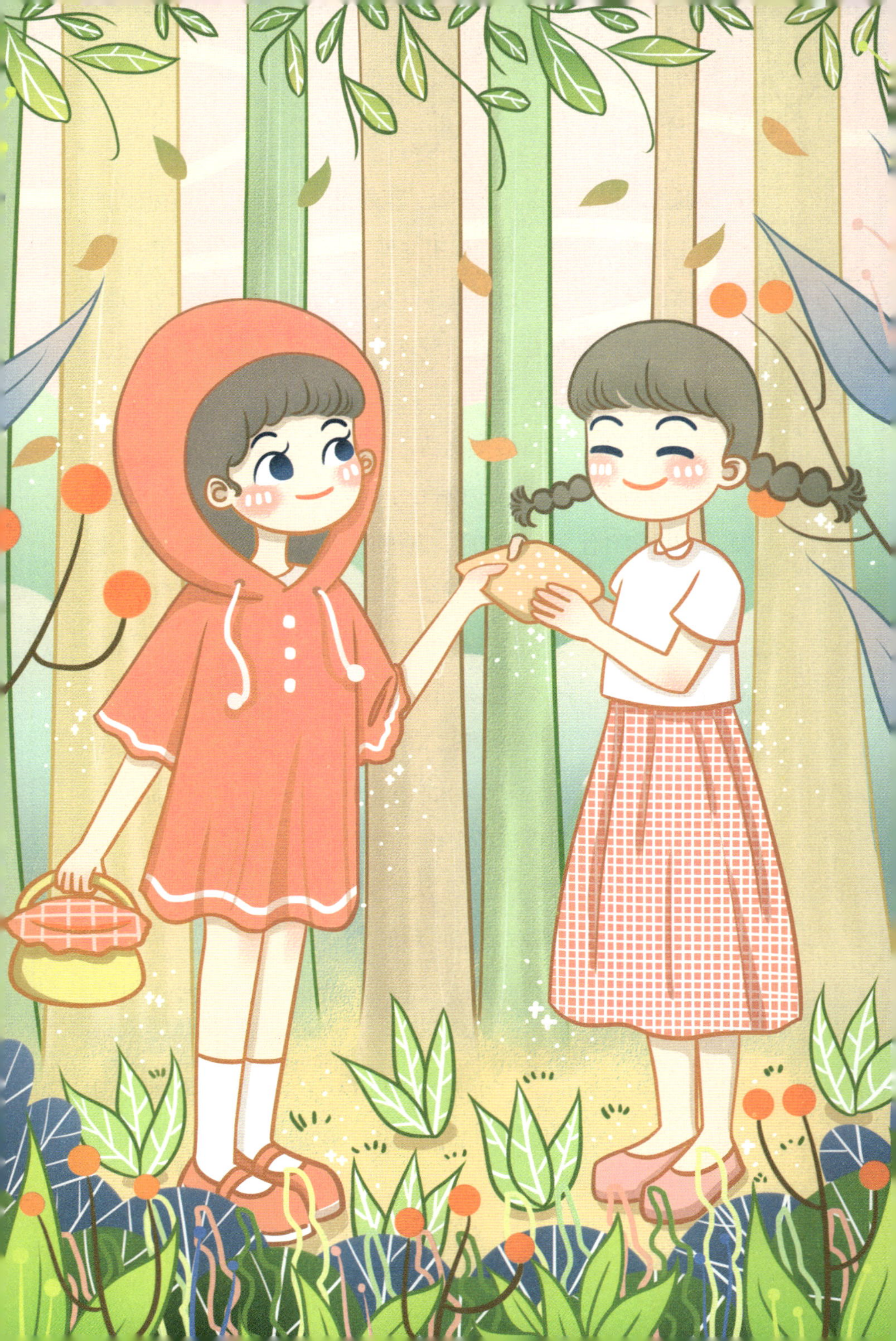

雪山上的宝物

声微弱的求救声。我上前一看,原来是一只老虎,黑黄相间的毛皮上披着一张网。老虎似乎发现了我,看见我就吼了一声。我大惊失色,慌张得想要逃跑。突然老虎叫住了我:"小女孩儿,我被猎人给抓住了,我脱不了这个网,求求你放我出去吧!好人会有好报的。"

天哪!我能听懂动物说话,真是奇妙。我小心翼翼地靠上去,惶恐不安地替老虎解开了网。老虎感激地说:"谢谢你,如果你有什么需要的话,直接叫我,我会马上赶到的。谢谢!"就这样,我做了一次英雄,我心里好激动、好开心!

我继续走下去,看见一个戴着红帽的小姑娘在摘野花,而后面竟然有一只大灰狼,听说大灰狼无恶不作,肯定在打小女孩儿的主意。我勃然大怒,拿起一块石头,从大灰狼后面毫不留情地扔了过去。只听见大灰狼一声惨叫,惊吓到了那位无辜的小女孩儿,我挡在小女孩儿的前面,十分勇敢地说:"大灰狼,不准你伤害任何人!"大灰狼显出他狰狞的真面目,露出了尖锐的牙齿,我有些惊慌失措。

突然,我想到了刚才的老虎,就大声喊叫:"老虎,老虎,救命!老虎!"老虎瞬间就跑了过来,大灰狼看见了威武的虎哥,就嬉皮笑脸地说:"虎大哥,我……我只是陪小姑娘她们玩玩,没什么的。我有事情先走啦!"然后溜之大吉,瞬间就

话题NO.16 穿越

不见狼影了。果然是林中之王，真够威武的！小姑娘对我连声道谢，可是，我的肚子竟然很不争气地叫了起来，真是丢脸极了。小姑娘笑着就给了我一块大大的面包，啊！这味道闻起来真是不错。最后，小姑娘告诉了我她的名字——小红帽。啊！原来，她就是童话故事里鼎鼎大名的小红帽啊！

一面吃着面包，一面继续向前走着，不知不觉就来到了一座小城市，这里的人都很友善，穿着也都特别漂亮。我看着他们，就像是在欣赏一件件艺术品。突然我看见一个正在卖火柴的小女孩儿，她的衣服是脏的，脸也是脏的，光着脚，连双拖鞋都没有。她的火柴一根都没有卖出去。

小女孩儿虚弱地走到角落里，一个人蹲着很难过的样子。我走上前去，把剩下的半块面包递给她吃，她可能是太饿太饿了，拿起面包狼吞虎咽地吃了起来，之后，我们成为好朋友。她跟我说她有一位对她很好的奶奶，可是现在已经去世了。我也告诉了她我的许多故事，说着说着，我们都累了，于是靠在一起睡着了。

等我醒来的时候，已经回到了家里，手里仍然拿着那本童话书。我意犹未尽，赶紧闭上眼睛，想再次睡着，回到那个美丽的地方……

雪山上的宝物

阳光姐姐点评

将小红帽、大灰狼、卖火柴的小女孩这些童话中的著名人物编到同一个"穿越"故事里，不得不说，雨彤的构思角度很新颖，而且想象力也很丰富，故事编得很好看！如果在讲述故事时，对人物的动作、表情、语言、心理等细节描写得更充分些，语言表达就会更加生动有趣了！

话题NO.16　穿越

穿越阳光姐姐编辑部

宋昊橦

趴在写字桌上写文章的我打了一个又长又大的哈欠。

"写不出来,一时没了灵感,没精神,困死了……"

我唠叨着,又冥思苦想起来。想着想着,我的头不由自主地垂了下去,好像有人在里面放上了10吨重的砝码似的。紧接着,身体也摇晃起来,像钟摆一样晃啊晃。

忽然,我的眼前从黑暗一下子变得十分亮堂起来。这是哪儿呀?我抬头看到了门上的大字,"阳光姐姐编辑部"啊!这就是那个让我无数篇稿子石沉大海、无数次比赛名落孙山的阳光姐姐编辑部!我嗡嗡地飞进了里面……等等!我怎么会飞?我赶紧从玻璃窗上看了看自己——绿色的大脑袋,乌黑的身体,长长的管状嘴巴,身后还有一对薄薄的透明小翅——我的天!我咋成苍蝇了?老天爷的不公让我差点从天上摔下来成为苍蝇小块沙拉。没办法,苍蝇也有苍蝇的好处,先飞进去看

雪山上的宝物

看这个让无数孩子们神往的地方。

我首先飞到了一个正在翻阅一大堆白纸黑字的稿件的小编姐姐头顶，我一定去看看编辑是怎样审稿的。"唰啦——"小编又翻出了一张新的稿纸。这次，我惊讶得真从半空中跌落下来，幸好地上有个小包包，我打了个滚，才幸免于难。我揉了揉自己的大红眼睛，不相信自己刚才所看到的那个名字，那正是我自己的名字啊！哦！我激动的心情突然使得内分泌失调，一粒便便落了下来，正好掉到了我的稿件上——窘啊！那小编姐姐忽然呕吐起来，一边擦手一边说："不行，太脏了，这篇不能送到终审大人那里了！"坑小孩啊！我见过头顶上掉下一堆鸟屎要洗三次头的，见过捏死一只毛毛虫就不敢拿馒头吃饭的，但就是没见过稿子上掉上一粒芝麻大小的苍蝇屎就不能送审的！我真怀疑她不是地球人而是在茫茫宇宙中从洁癖星球来的。很快，这个洁癖星人站了起来，手里却多了一个长长的东西——苍蝇拍！

"不好，她这是要赶尽杀绝啊！"我快速飞着。

只听她一边打一边喊："我就不信，我堂堂小橙子打不死你一只苍蝇！"

"啊！她就是橙子姐姐啊！"我拼命地飞呀飞，她拼命地追啊追。

忽然我看到一本书的中间被一块巧克力隔开了一条缝隙。

话题NO.16 穿越

正好容我藏身,大好的机会可要抓住,我见缝插针,一溜烟儿蹿了进去。橙子姐姐毕竟是肉眼凡胎,见我没了踪影,只好懊恼地一挥苍蝇拍,回去继续审稿了。

我可是慧眼识糖,一眼就看出这块巧克力不是我平时吃过的那种。按照福尔摩斯判案法,终于在巧克力的最下角,找到一行英文字母:MADE IN AMERICA。

"美国巧克力!"二话不说,我就趴在上面,不一会儿就啃出了一个足够让我容身的小坑。我躺了进去,虽然有一种不太好的联想,但四面都有巧克力,还是满惬意的。

忽然,我听到有人在谈话,我竖起耳朵使劲听,原来是一男一女在谈论小学生写作文的事情。

"这可是个好话题,我得出去好好听听。我正为写不出好文章而头疼呢!"我振动双翅飞了出去。首先映入眼帘的是一个如阳光一般耀眼的光头,我睁大眼睛仔细瞧,这光头男人原来是大作家安武林老师!他身边坐着的正是美女作家阳光姐姐!今天,我终于见到活的偶像了,我使劲儿竖起苍蝇那小得可怜的耳朵,试图听得更仔细一些。

他们的谈话内容使得我一会儿得意,一会儿沮丧;一会儿茅塞顿开,一会儿恍然大悟……

我继续试图接近他们两人,以便能近距离地接触到名人,我心潮澎湃,热血沸腾,就在我得意之时,突然,觉得背后一

143

雪山上的宝物

阵劲风呼啸而过！我慌慌张张地回过头，只见橙子姐姐的苍蝇拍又到了，带着泰山压顶般的力量向我打来……

"哇呀呀！不要哇！橙子姐姐，我是宋昊橦呀！请手下留情！"写字桌上的我嚷嚷着，霍地抬起头来，才发现自己的口水已经把稿纸上好不容易写出来的一点文字染成了一幅抽象水墨画。我揉了揉眼睛，回想了一下安老师和阳光姐姐的对话，换了张稿纸，顿时文思如泉涌，唰唰地写了起来……

阳光姐姐点评

这篇文章的构思很独特，由写作文而起，穿越了"阳光姐姐编辑"部一把，想象出了编辑部日常工作的种种故事。情节有趣，故事性很强，想必小读者们一定读得也很过瘾。语言诙谐有趣，想象大胆奇妙，一直是橦橦作文的最吸引人的地方。

穿越想象A空间

欧阳思哲

今天是星期六,早上老妈不在家,我终于摆脱了老妈的牢笼,可以像小鸟一样自由自在地飞翔了!这倒让我想起了一句话:"老虎不在家,猴子称大王。"我舒服地躺在床上,望着老妈远去的身影,得意扬扬地想。可是,除了玩玩电脑,看看电视以外,我还能干点什么呢?

要是能有一个好玩的地方就好啦!至少不像现在一样无所事事。但是这是不可能的事。"唉,神马都是浮云啊!"我唉声叹气地说。

突然,有一束红光突然出现在我面前,"救命啊,我还不想死呀!"正当我感到奇怪的时候,红光毫不留情地把我吸了进去……

"砰!"过了N秒后,我经过一个隧道,被重重地砸到了地板上。我张开眼睛,看见自己居然在一个空地上。我慢慢爬

雪山上的宝物

起来，向前摸索着。真是一个可怕的地方啊！我打了一个哆嗦。

"欢迎来到想象 A 空间！我是这里的服务员。"一个声音在我耳边响起。我马上警惕起来。

"我是说，这里是想象 A 空间哦！这里可是许多人梦寐以求的完美空间，你让这个空间里有什么就有什么，应有尽有，随便你想象！只要你想得到，想象 A 空间就一定会做到！"这个声音听上去像是个婆婆妈妈的推销员说的似的，滔滔不绝地介绍着它的"超能产品"。我似懂非懂地听着。

"那我试试吧。"我壮着胆子说，"我要一个到处都是零食的空间！"

"你的愿望，即——将——实——现！"那个声音说完，一束耀眼的光照在了空地上。

过了好一会儿，刺眼的光才渐渐散去。但是我简直是要被眼前的一幕惊呆了：到处都是软糖做的绿油油的小草，小草中间还长着五颜六色的阿尔卑斯小花朵。往左一看，还有一个饼干做的小屋，天上还有绵羊似的棉花糖云朵在飘呢！我使劲儿掐自己胳膊上的肉，好疼啊！这不是在做梦！

我流着口水，幽灵般地跑到草地上，狼吞虎咽地吃着"青草"，这又让我想到了一首歌："喜羊羊，美羊羊，懒羊羊沸羊羊……"我边吃草边唱起了这首别人看来很幼稚的歌。吃完"草"，我又扑向了"花朵"。

话题NO.16 穿越

过了好久,我几乎把整个空间的美食都吃遍了。肚子像个圆鼓鼓的皮球似的,好像要爆炸了。

"哎哟!"糟糕,我好像吃东西吃多了,肚子好痛哦!"想象A空间服务员!"我马上叫出了声。

"有什么事吗?"那个熟悉的声音又在我耳边传来。"我要……我要一个童趣的玩具空间!"我一边捂着肚子一边说。"好的,小客人。"那个声音又消失了,接着又出现了一束光……

没过多久,整个空间就出现了许许多多童趣的玩具:正梳着辫子漂亮的洋娃娃、胸口戴着蝴蝶结的泰迪熊、播放出动听音乐的音乐盒……看到了这些小时候非常喜欢,长大后却几乎没碰过的玩具,我鼻子有些酸酸的。

我的肚子好像不闹腾了,肚子舒服了许多。我就像小时候一样,一边在蹦床上跳来跳去,一边抓着玩具开心地叫着。这多好啊,摆脱了兴趣班的牢笼,摆脱了老师严厉的目光,摆脱了父母对我无比的期望……

真希望我永远长不大,永远都是小孩子!

"是时候了。"当我正玩得很Happy的时候,那个所谓的服务员的声音再一次出现了。这让我毛骨悚然,总觉得有什么事情发生。果然,从我身后冒出了一个玩具拳头,把我打飞上了天。

"欢迎下次光临想象A空间,A等永远是我们的目标。请

> 雪山上的宝物

您为本次旅行打分。"那个服务员死板地说。"绝对 Z 等！把我打飞上天了，还想得 A 等级，想得美。"我在天空中生气地说。

但是，我的脑袋怎么越来越沉了？我晕死过去。

"开门啊！"大概过了很久，我迷迷糊糊地起来，看到了自己熟悉的家。"欧阳思哲，磨磨蹭蹭的啊！"老妈回来啦！我兴奋地跑过去开门。

"老妈你知不知道，我刚才好像穿越到想象 A 空间去了哦。""什么跟什么啊？"老妈感到莫名其妙。

"事情是这样的……"我一五一十地把这次穿越旅行告诉了老妈，老妈听了哈哈大笑，说我这是做白日梦，我偏偏不信。

真是有趣的穿越旅行啊，希望下次还能去一次想象 A 空间！

阳光姐姐点评

真是替"想象 A 空间"委屈，亲，你怎么能给差评呢？零食是你自己贪吃吃到肚子疼的。美梦服务有时间限制也是合情合理的。虽然想象的世界很美，但是不能一味地沉迷，总是要回归现实嘛！我想说，"想象 A 空间"服务内容真是被你写得赞极了！下次再去，记得叫上我一起！

话题NO.16 穿越

大脑穿越术

戴雨秋

自习课上,数学老师给我们布置了几道期末复习的练习题作为家庭作业。

聪明的我很快就写完了,哈哈。无所事事中我瞥见憨厚的胖子——同桌阿龙,他两手扶着草稿本发愣,额头上布满了细密的汗珠。看着看着,他就双眼迷离,坐上火箭神游太空了。对着光看,还能发现他的眼睛在闪光呢!好小子,不会做作业还哭起来了!

阿龙本来成绩不突出,这段时间不知道是着了什么魔,上课的时候魂不守舍的。

我使劲儿用胳膊肘碰了一下他,他身子一抖笨拙地转过头来被重新拉回了题海中。他可怜兮兮地急忙问道:"哎,小魔女,这道题怎么做啊?"

我用食指对着他的太阳穴猛地一推,对他说道:"你蠢

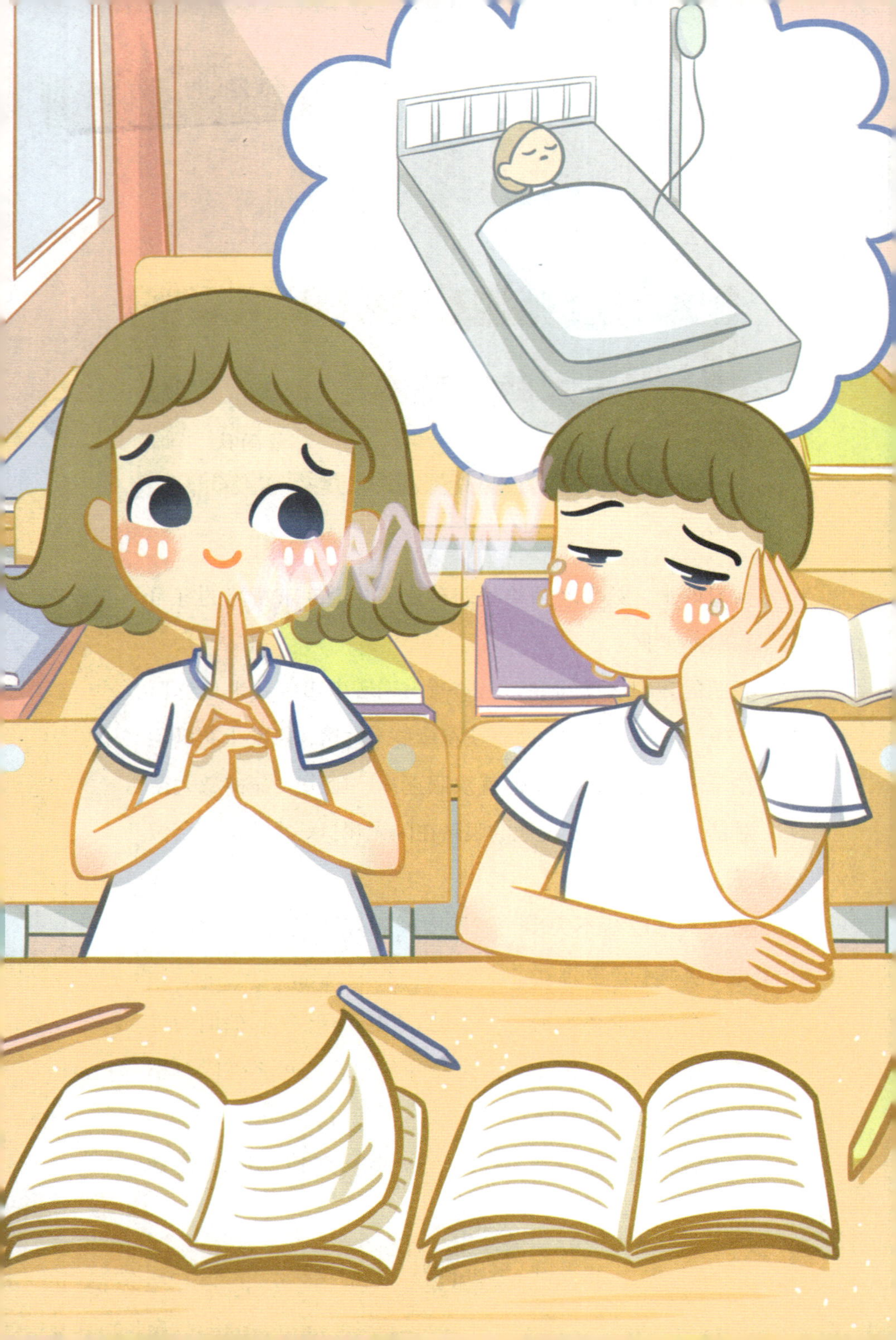

啊！这么简单的题都不知道怎么做，真不知道你脑子里装了什么！"

唉，说到这里我觉得，我真的很想很想去他的脑子里看看那里面是不是装满了糨糊呢！嗯，就这么办！

到了中午吃饭的时间，大家都去食堂了，阿龙却坐在位置上发呆，哼哼，好机会！我眯着眼心里默念着："魔灵魔力，神魂穿越！"

念咒语的话音刚落，"嗖"的一下，我就到达了目的地。这里是一个漆黑的山洞，只有几缕微弱的光亮洒在布满黏黏的泥浆的粗糙的石地上，而且很寒冷啊！我不由得打了几个寒战，缩起身子双手抱住肩膀。

仔细观察那阳光，发现上面都是滚动的画面，是阿龙和他的爸爸妈妈一起去游乐园、在家里嬉笑打闹、上亲子节目等的温馨场景。我心中一暖，这意味着什么呢？

山洞里很静寂，有水不停地往下滴，听起来有些许凄凉。我左躲右避的，还是让一滴水滴到了我的眼睑上，眼睛一闭，水就从脸颊沿着鼻梁滑到我的嘴里了。咦，怎么是咸咸的呢？还苦苦的、涩涩的呢！

让人毛骨悚然的寂静中忽然闪现出一幕影像，我听到了说话声。一个戴着眼镜和帽子，穿着白大褂的人说："那好，为了不让病人有压力，你先带她回家去好好调养，按时吃药。

雪山上的宝物

从下周开始，刘女士就要做化疗。化疗的费用很高，你们要筹一筹了。"与医生谈话的男人沉重地点着头，正是阿龙的爸爸！他紧皱着眉头，手里拿着一张单子，上面赫然印着几个字：胃癌晚期！我惊呆了！只见阿龙坐在病床边，拉着他妈妈的手。阿龙妈妈脸色苍白，音调也比平时低了许多。"阿龙，你一定要去上学，快要期末考试了，你可不能考得太差了呀！等你考完了，我们带你去乡下的外公家。"

画面闪了几下，立刻消失了。忽然山洞里下起了密密的小雨，就是像泪一样的咸雨。唯一的阳光也消失了，山洞里黑得伸手不见五指。我害怕极了，立刻用魔法让神魂从阿龙的脑子里出来回到我的身体中。

我听见了抽泣声，原来阿龙哭了，整个眼圈都红了。他低着头，泪水一颗一颗落到桌面上。我什么都知道了，不禁感觉愧疚，心里也多了几分同情。

3个星期过去了，听说阿龙的妈妈做了化疗，头发都掉光了，病也更加严重了，可她一定要让阿龙来上学，并且坚决对学校保密这件事。

眼下是期末的冲刺阶段，正是紧张地倒计时。我主动帮助阿龙复习数学，为他讲解题目。我也感觉到阿龙在很努力很认真地听，但他总是容易分神，这让我既生气又无奈。我觉得我应该从他妈妈那里入手来帮他。

话题 NO.16　穿越

　　你肯定会想，让他妈妈的病好起来不就是了吗？可是小女子我呢，是魔法班穿越系的，只能穿越，不能干别的。那，我让他们穿越到阿龙妈妈胃病初起的时候，让她好好治治？

　　嗯！我决定帮助阿龙一家。

　　现在，我旁边的座位已经空荡荡了。因为阿龙一家穿越到了两年前，他已经不和我同龄了。

　　不知道他们能否检查出阿龙妈妈的病，及时将阿龙妈妈治疗康复呢？

　　但愿阿龙能延续那种幸福时光。

阳光姐姐点评

　　这篇作文的标题是最惊人的，开始读到"穿越大脑"几个字时，还以为眼前会出现一片白花花的大脑浆呢，哈哈，我想多啦！不过读到雨秋描写的穿越到阿龙大脑中，看到的满是泪水的场景时，觉得有点点心疼。如果我们都会一点点"大脑穿越术"，能够看到、了解别人的真实感受，宽容、理解、帮助他人，那该多好！

雪山上的宝物

邂逅孔明先生

袁义翔

今天我起得特早,匆匆地喝了几口稀饭,便大声说:"老妈,我要上学去了!"

"这才几点呀,你就去上学!"

"哎呀!不用你管。"

"好好好!我的小祖宗,对了,昨天学的那篇课文你背过了吗?"

我眼珠一转,说:"背过了!"老爸也忙活起来,开始穿鞋。我更是飞快地拿起书包,急匆匆地离开。"爸,你快点!"我在那头大声喊道。"马上!"里边传来一个声音。我不耐烦地跺着脚。

终于,我坐上了车,心想,早班车里人这么少,总算可以一个人在那清静一会儿了。这些天心里正烦恼得很。也许是起早了,一阵困意袭来,我索性闭上眼,任由老爸骑车带着我

话题NO.16 穿越

向前飞奔……

不知什么时候,随着一声震动,我揉揉眼睛,吃惊地看到自己竟站在一座木制的小桥上。身上的校服不见了,此时穿的竟是一身古装。这,这是怎么个情况,自己咋会在这儿,难道是古装戏看多了,自己穿越了?

我定了定神,这才注意到,眼前是一片葱郁的树林,林间有一处别致的茅屋立于其中。

"这是喂马的?奇怪,这山林里会有马房?"我急忙走上前去。"怎么有股清香味?"我仔细一闻,"难道,马喷了香水?"我突然有了这么一个可笑的想法。

我悄悄地走进去。

"是何人哪?擅自闯入我地!"一阵响亮的声音出现了。

"你是谁?"我壮起胆来问。

"我乃孔明,诸葛亮是也!"

"什么,您是……"我的嗓子像是被什么给卡住了。

虽然我对历史了解得不多,但像诸葛亮这种家喻户晓的人物,倒是听说过,此人好像学问很高,而且有个"三顾茅庐"的故事。

"哦,您就是那位三顾茅房的孔明先生吧!哦!不对,是三顾茅庐。"我慌乱地纠正自己。我仔细打量此人,只见那人

雪山上的宝物

手持一把鹅毛扇，一袭的白色长衫，样子还不错。

"小娃娃，你这是从哪儿来，来此有何事？"孔明先生先是一怔，接着便笑说着招呼我坐下。

"谢谢先生！我……我也不知是怎么来的，噢！不不……我可能是……可能是路过此处！"

"你这娃娃，姓甚名谁呀？"

"嗯……我姓袁，名义翔，今年10岁。"我紧张得有些口吃，尽量学着古人的腔调。

"果真是一个不大的娃娃！"

"孔先生，虽然历史我懂得不多，但您可是位有名之人，您的许多事迹为后人广为流传呀！"

"噢？果真如此？"

可我一想，这什么和什么呀！如今孔明先生还在这山中隐居，想必他所做的成就都是后话了。想到这里，我使劲儿按住即将蹦出的小心脏，竟一时不知如何回答。

"鄙人一向深居简出，闲了吟诗作赋，或是游山玩水，哪有什么成就可言哪！"孔明先生手捋胡须笑说道。

"您不必这样说，您不知道，您可是……可是……唉！"我语无伦次得不知该怎么说才好，幸好孔明先生打断了我的尴尬。

话题NO.16 穿越

"小娃娃，平时你可有什么喜好？"

"我，当然有。"听先生这样一问，我倒不那么紧张了，居然打开了话匣子。"我喜欢书法、画画，还有看书，平时里也很喜欢记录生活，我还有一个理想是当作家，可是……"

"怎么？为何不讲了？"

"可同学们都说我理想太大，根本不可能实现。这些天我正为此事烦恼呢！"说着我低下了头。

"哦！原来如此，哈哈！"

突然，孔明先生眼前一亮。"你等会儿。"说着他拿起毛笔在纸上写道：志当存高远，非淡泊无以明志，非宁静无以致远。孔明先生写完后，微笑着看着我。我仔细读了几遍，立刻明白了他的用意。

我连忙说道："谢过孔明先生，我明白了。"我正要弯腰向先生施礼，却被人猛地捅了一下："小子，该下车了。"我怔怔地抬头一看，是老爸那张熟悉的脸，这才晃过神来，原来是白日的一个梦啊！不过，这个梦却使我心头一亮。顿时觉得自己离孔明先生的距离近了一些，嘿嘿，原来他在没出山之前，也和我一样，曾经是心怀梦想、充满自信的少年啊！

雪山上的宝物

阳光姐姐点评

如果你穿越到古代，见到你喜欢的历史名人，你会对他说什么，做什么呢？翔翔穿越之后，似乎有很多话想对孔明先生说，可是又不知从何说起。倒是在言语交流之中，对孔明先生有了更多的了解，也被他的话语所鼓励。对于穿越后的所见、所闻、所感，写得十分详细，为故事增添了许多动人的"真实感"。

话题NO.16 穿越

放鹤亭记

任蔷羽

暑假,我和爸爸一起在徐州会展中心看车展。我突然瞥到了一个穿古装的老爷爷,一边摩挲着车身,一边喃喃地说:"我爸爸来了就好了,我爸爸来了就好了!"

我忍不住问他:"你爸爸是谁啊?"他像是自言自语,又像是在回答我:"我爸爸太喜欢车了!他给我起名苏轼,就是车扶手的意思;给我弟弟起名苏辙,就是车辄辘印子的意思。因为我俩这名字,我妈妈经常扯着四川话骂他:'晓不得你那个脑壳里装着啥子糨糊,起这样的名儿,啷个叫得出口嗮?'"

啊!苏东坡复活了!我忙和他套近乎说:"您父亲喜欢车,我爸爸也是爱车族;您爱吃东坡肉,我特别中意糖醋排骨;您在徐州写过《放鹤亭记》,我喜欢去泉山鸟悦园看丹顶鹤……"

雪山上的宝物

"徐州现在还有仙鹤？"他两眼放光，一把抓住了我，"这次穿越回来，专门去了云龙山张山人放鹤处，只见饮鹤泉犹存，放鹤亭尚在，但仙鹤一去不复返矣！"

"打住！大文学家，您先别伤感，我这就带你去看小鹤放飞训练！"

我们驱车来到徐州泉山鸟悦园大门口，只见一位阿姨带着5只小鹤来到了一个空旷的场地。阿姨吹起的哨子，扬起了手臂。小鹤像得到了起飞的命令，一个接着一个张开了翅膀，向前冲了20多米，长长的脚用力一蹬，随后腾空而起，翅膀完全张开，长腿也伸得直直的，几乎一直保持这种姿势在天空中盘旋。飞了10来分钟，阿姨又吹起了哨子，小鹤听到了召唤，一只一只都飞了回来。

苏东坡高兴得像个孩子一样手舞足蹈，大叫："再飞高一点儿啊！再飞高一点儿啊！"

"都出意外了，还飞高一点儿呢！"我对他说，"前一段时间幼鹤放飞训练时，有4只丹顶鹤飞得较高，这时，天上突然经过一架飞机，4只丹顶鹤受惊后向西飞去，到傍晚都没有回来……"

"飞机是什么东西啊？一种猛禽吗？那些小鹤后来怎么样了？"苏东坡抓住我的手臂连珠炮般发问。

话题NO.16　穿越

"别担心，当时全市的人都行动起来寻找小鹤，3天后，一只小鹤自己飞回了鸟悦园。一周后，又一只小鹤在徐州利国镇被热心市民救起。又过了3天，利国镇西里村有人打电话给鸟悦园，两只小鹤飞到了他家的鱼塘里，为了保护它们，这几天他一直住在鱼塘边的小棚子里。他每天捞鱼塘中的小鱼和蜗牛喂小鹤，早晚还从家中拿来玉米给丹顶鹤加餐，训鹤的阿姨去接这两只丹顶鹤时，发现它俩精神头儿十足，吃得膘肥体胖。就这样，10天后4只惊飞失散的鹤宝宝全部回家。鸟悦园为了感谢市民的热心帮助，还特意免费开园一天呢！"

"哈哈！真是有情有义的徐州人啊！"苏东坡开怀大笑，"我要回去了，下次穿越过来，一定再写一篇《放鹤亭记》！"

我爸爸说："有人写了本《好妈妈胜过好老师》很受欢迎啊！叫你老爸也写几篇育儿心得啊！"

苏东坡不解地回头问："什么育？什么得？"

"让你父亲写本书——《好爸爸胜过好老师》，一定能卖火！"我抢着说。

这时苏东坡衣袂飘飘，随风远去，朗朗的声音从半空中传来："一言为定，就用我们爷俩儿的稿费设立一个爱鹤基金吧！"

雪山上的宝物

阳光姐姐点评

小羽说，文中提到的"寻找小鹤"的故事，来源于当地真实的新闻。都说艺术来源于生活，其实生活中的事件，都是我们写作的素材宝库。不仅是自己经历的事情，新闻里大大小小的报道，同样也可以作为写作的素材。只要你多看、多听、多思、多写，就会像小羽一样，拥有丰富的写作材料，作文越写越好。

加入"阳光家族"的方法——

读了这么多精彩的话题故事,你是不是也想加入阳光家族,和我们一起写作呢?

加入阳光家族的方法很简单,把你写的作文、日记、诗歌或者小说投稿给我们,你就成为阳光家族的一员啦!

征稿要求

1. 写作体裁:作文、日记、诗歌、小说都可以。

2. 字数:作文、日记、诗歌字数不限;小说全文字数3000—30000字(注意是全文哦,没写完的不要急着投稿啦)。

雪山上的宝物

3. 风格：不限，符合小学生阅读特点即可。

4. 征稿对象：小学生和初中生。

5. 稿件投至：1219634843@qq.com（作文、日记、诗歌投稿邮箱）；hysxinxiang@126.com（小说投稿邮箱）。

6. 稿件要求有以下几项内容（按照以下顺序）：（1）作品名称；（2）作者姓名；（3）作者联系地址、邮政编码、联系电话；（4）作品目录（如果有的话）；（5）作品正文；（6）作者小档案（见下）。

"阳光家族"成员小档案（投稿必填）

姓名：	喜欢的颜色：
别名：	喜欢的动物：
年龄：	喜欢的音乐：
生日：	喜欢的课程：
形象特点：	爱好：
性格特点：	我讨厌：
喜欢的食物：	梦想的职业：
喜欢的饮料：	最大的愿望：